ETFs für Beginner

Schritt für Schritt mit ETFs und Fonds einen langfristigen Vermögenszuwachs generieren

Börse & Finanzen Band 2

Investment Academy

ETFs für Beginner

Schritt für Schritt mit ETFs und Fonds einen langfristigen Vermögenszuwachs generieren –

Ein Anfänger Buch mit dem Sie einfach Geld anlegen, sparen & langfristig investieren lernen

Börse & Finanzen Band 2

Ein Buch der **Investment Academy**

Achtung: Dieses Buch ist lediglich eine Einführung in die Thematik und stellt keine Finanz- oder Anlageberatung dar. Dem Handel mit ETFs unterliegt immer ein gewisses Verlustrisiko.

Impressum:
BN Publishing
© Investment Academy, 2021
ISBN 978-3-2024-0725-9

Inhaltsverzeichnis

ETFs für Beginner	3
Vorwort	9
Die schwerwiegendsten Anlagefehler	13
Die Niedrigzinsphase - Fluch oder Segen?	15
Gibt es für die sicherheitsorientierten Anleger auch Alternativen zu Festgeld- oder Tagesgeldkonten?	19
Was sind ETFs?	25
Physische replizierende ETFs	29
Synthetische ETFs	30
Thesaurierende ETFs	31
Ausschüttende ETFs	31
Offene Fonds	34
Geschlossene Fonds	35
Ausschüttende Fonds	36
Thesaurierende Fonds	36
Was sind Dachfonds?	37
Was sind Mischfonds?	37
Rechtliche Informationen	39
Wie empfehlenswert sind Aktien?	39
Sind Indexfonds eine bessere Alternative?	41

Ein Blick in die Vergangenheit	43
Die Anlageklassen	45
Aktien	45
Anleihen	46
Bargeld	48
Immobilien	48
Rohstoffe	48
Die Vor- und Nachteile	51
Direktinvestment oder Sparplan?	55
Die letzten Jahrzehnte im Überblick	59
Folgende Indizes eignen sich für das Fondssparen	61
Auf der Suche nach dem passenden Fonds	67
Der Aufbau des Vermögens - eine Schritt-für-Schritt-Anleitung	71
Die Besteuerung	75
Die letzten Vorbereitungen	77
Die Errichtung des ETF-Portfolios	79
So starten Sie durch	87
Schritt Nummer 1 - der Broker	87
Schritt Nummer 2 - der Fonds	87
Schritt Nummer 3 - Einsatz	88

Schritt Nummer 4 - Risiko	88
Schritt Nummer 5 - überprüfen Sie die Wertentwicklung	89
Nachwort	91
Weitere Bücher der Investment Academy	95
Über die Autoren	97

Vorwort

Haben Sie sich schon einmal mit den aktuellen Zinssätzen auseinandergesetzt, die die Banken für traditionelle Finanzprodukte anbieten? Sie werden schnell feststellen, dass die Produkte, die heutzutage angeboten werden, keinesfalls attraktiv sind. Das ist wohl auch der Grund, warum sich in Deutschland zwei Lager gebildet haben - einerseits geben die Deutschen heute mehr Geld als je zuvor aus, weil sie das Geld nicht mehr anlegen wollen, andererseits gibt es auch jene Anleger, die auf der Suche nach einer Alternative sind. Doch welche Alternativen sind empfehlenswert? Gibt es tatsächlich Alternativen für sicherheitsorientierte Anleger oder sind die alternativen Veranlagungsformen nur für waghalsige und extrem risikofreudige Anleger gedacht?

Eine Alternative stellen die sogenannten ETF-Fonds dar. Doch können auch Anfänger, die sich noch nie zuvor mit der Materie befasst haben, Gewinne verbuchen? Ja. Sofern Sie sich für diesen Ratgeber entscheiden. "ETFs für Beginner: Schritt für Schritt mit ETFs und Fonds einen langfristigen Vermögenszuwachs generieren" ist der perfekte Einsteiger-Guide für Ihre Vermögensvermehrung!

Welche Informationen dürfen Sie erwarten, wenn Sie sich für den Ratgeber "ETFs für Beginner: Schritt für Schritt mit ETFs und Fonds einen langfristigen Vermögenszuwachs generieren" entscheiden?

Sie werden wissen, was sogenannte ETFs sind, was thesaurierende, offene oder geschlossene Fonds sind, welche Vorteile auf Sie warten und welche Risiken bestehen. Der Ratgeber "ETFs für Beginner: Schritt für Schritt mit ETFs und Fonds einen langfristigen Vermögenszuwachs generieren" befasst sich nämlich nicht nur mit den Sonnenseiten und den möglichen Gewinnen; er geht auch in die Tiefe und verrät Ihnen, ob Ihr veranlagtes Kapital tatsächlich immer wachsen wird oder ob mitunter auch Tiefschläge möglich sind.

Sie werden erfahren, wie Sie Ihr Vermögen - auf ganz einfache Art und Weise - vermehren können und erhalten auch Informationen über Fonds, die von renommierten Ratingagenturen bewertet und empfohlen wurden.

Wenn Sie einen Ratgeber suchen, der sich mit der Thematik ETFs für Beginner befasst, dann haben Sie mit "ETFs für Beginner: Schritt für Schritt mit ETFs und Fonds einen langfristigen Vermögenszuwachs generieren" den richtigen Begleiter für die zukünftige Vermögensvermehrung gefunden. Wenn Sie Ihr Geld investieren wollen, dann nutzen Sie auch die Schritt-für-Schritt-Anleitung. Sie werden feststellen, dass es gar nicht so schwer ist, wenn sie Ihr Geld anlegen wollen. Denken Sie immer daran, dass ETFs für Anfänger und Profis sind und auch Profis, die heutzutage so tun, als würden sie alle Tipps und Tricks kennen, auch einmal Anfänger waren.

Ja, auch die heutigen Experten, die vielleicht schon wirklich hohe Gewinne lukrieren konnten, haben zu Beginn mit einem Ratgeber gearbeitet.

Wenn Sie sich für den Ratgeber "ETFs für Beginner:

Schritt für Schritt mit ETFs und Fonds einen langfristigen Vermögenszuwachs generieren" entscheiden, dann haben Sie den perfekten Begleiter an Ihrer Seite. Erfahren Sie Hintergrundinformationen, freuen Sie sich über Tipps und Tricks und genießen Sie den Erfolg, wenn Sie die Schritt-für-Schritt-Anleitung befolgen - es ist nun endlich an der Zeit, dass Ihr Geld für Sie arbeitet. Nutzen Sie diese Gelegenheit und freuen Sie sich über hohe Rendite. In dem Ratgeber "ETFs für Beginner: Schritt für Schritt mit ETFs und Fonds einen langfristigen Vermögenszuwachs generieren" finden Sie auch Beispiele aus der Vergangenheit, warum ETF-Fonds sehr wohl zu empfehlen sind, wobei Ihnen auch fiktive Beispiele zeigen sollen, weshalb ETF-Fonds auch für die Zukunft empfohlen werden können.

Wir wünschen viel Vergnügen beim Lesen

Ihr Investment Academy Team

Die schwerwiegendsten Anlagefehler

Aktien, ETFs, Anleihen, Rohstoffe - extrem riskant! Wer sein Geld in Aktien oder Fonds investiert, der kann es gleich aus dem Fenster werfen. Derartige Aussagen, die immer wieder die Runde machen, stammen vorwiegend von Personen, die sich noch nie mit den sogenannten "alternativen Veranlagungsformen" befasst haben. Gerade heutzutage sind derartige Alternativen aber so sinnvoll wie noch nie. Doch sind die "alternativen Veranlagungsformen" tatsächlich so gefährlich? Wäre es mitunter ein gravierender Anlagefehler, wenn man den traditionellen Bankprodukten den Rücken kehrt und sich für Veranlagungen entscheidet, die eine höhere Rendite versprechen, jedoch eine Spur "riskanter" sind? Nein! Doch was ist der tatsächlich schwerste Fehler, den ein Anleger begehen kann? Er investiert in Produkte, die keine Gewinne mit sich bringen.

Aktuell befinden wir uns in einer recht schwierigen Zeit. Aufgrund der Tatsache, dass das Weltfinanzsystem schon seit Jahren angeschlagen ist, ist es für den gewöhnlichen Sparer extrem schwer geworden, wenn er mit seinem Vermögen irgendwelche Gewinne erwirtschaften möchte. Die klassischen Finanzprodukte - so etwa Sparbücher, Festgeld- oder Tagesgeldkonten - sind nicht mehr empfehlenswert. Die Zinssätze belaufen sich für derartige Veranlagungen zwischen 0,025 Prozent und maximal 0,75 Prozent. Die Niedrigzinsphase, die schon seit Jahren besteht, hat natürlich extreme Auswirkungen: Während sich die Kreditnehmer freuen, da Kredite so günstig wie noch nie sind, leiden die Sparer unter der Tatsache, dass es keine attraktiven Konditionen mehr gibt. Der größte Nachteil für den Sparer? Die Inflation frisst die Ersparnisse auf. Doch glücklicherweise gibt es auch noch andere Möglichkeiten, wie der Privatanleger sein Vermögen vermehren kann.

Die Niedrigzinsphase - Fluch oder Segen?

Doch was waren die Gründe für die Entstehung der sogenannten Niedrigzinsphase? Zwischen den Jahren 2007 und 2009 erschütterte die Banken- und auch Finanzkrise die Welt; die internationale Wirtschaft schien derart überrascht zu sein, dass diverse Bankhäuser und Regierungen gar nicht mehr reagieren konnten. Am Ende kam es nur zu Aktionen, die schlimmere Auswirkungen verhinderten: Die Zentralbanken begannen mit Leitzinssenkungen - nicht nur die EZB, die Europäische Zentralbank, senkte den Leitzinssatz. Auch die Zentralbanken in Großbritannien, Japan und Amerika korrigierten den Leitzinssatz und sorgten somit für den Beginn der Niedrigzinsphase. Schlussendlich ist die Zinsgestaltung eine der wesentlichsten Aufgabe, die eine Notenbank erfüllen muss. Kommt es zum Wirtschaftswachstum, so kommt es automatisch zu einer Zinserhöhung, sodass es zu keiner Überhitzung der Konjunktur kommt. Herrschen wirtschaftlich eher schwache Zeiten, so werden die Zinsen gesenkt, damit etwaige Folgen des bestehenden Tiefs begrenzt werden können. Dabei sind Ausmaß und Dauer aktuellen Niedrigzinsphase jedoch beispiellos: Seit dem Jahr 2008 ist der Leitzinssatz der EZB kontinuierlich nach unten korrigiert wurden; zu Beginn lag der Leitzinssatz bei 4,25 Prozent, heute liegt er bei 0 Prozent. Der Einlagensatz, der von Geschäftsbanken bezahlt wird, sofern sie die überschüssigen Gelder direkt bei den Notenbanken parken, liegt bei -0,4 Prozent! Doch ein weiterer Grund, warum die Niedrigzinsphase bereits seit Jahren anhält, ist die Staatsverschuldung. Zahlreiche Länder kämpfen mit einer extrem hohen Verschuldung; für diese Schulden, die bei anderen Ländern bestehen, müssen natürlich ebenfalls Zinsen bezahlt werden. Somit kommt es zu extremen finanziellen Belastungen, wenn die Länder, die eine hohe Verschuldung haben, zudem noch hohe Zinsen bezahlen müssen. Die Niedrigzinsphase hat beispielsweise dazu geführt, dass das Land Deutschland - nur im Jahr 2015 - 43 Milliarden Euro weniger an Zinsen zahlen musste.

Doch natürlich gibt es nicht nur Vorteile - die Auswirkungen der Niedrigzinsphase treffen natürlich vor allem die Sparer und Anleger. Immer wieder erinnern sich die Anleger an die Zeit vor dem Jahr 2007 zurück - damals gab es noch Zinssätze zwischen 3,5 und 5,5 Prozent für festverzinsliche Wertpapiere, Staatsanleihen oder auch Sparbriefe. Selbst für Tages- oder Festgeldkonten wurden Zinssätze zwischen 2,0 oder 3,5 Prozent gewährt. Heutzutage sind derartige Zinssätze kaum noch vorstellbar.

Natürlich interessieren sich nun immer weniger Menschen für Veranlagungen, weil das Geld sowieso nicht vermehrt werden kann. Die Folgen? Die Menschen verzichten auf Sparformen und investieren ihr Geld lieber in Güter. Zudem verwirklichen sich auch viele Deutsche den Traum vom Eigenheim. Auch die Kredite sind - aufgrund der niedrigen Zinsen - so günstig wie noch nie zuvor. Doch die Tatsache, dass das Geld immer mehr in Immobilien fließt, sorgt für ein weiteres Problem. Die Objekte werden immer teurer; einerseits steigen die Grundstückspreise, andererseits natürlich auch die Mietvorschreibungen.

Viele Experten sind der Meinung, dass sich gerade eine Immobilienblase bildet, die gravierende Folgen mit sich bringen könnte.

Auch wenn es bereits ein paar Zentralbanken gibt, die eine Trendumkehr möchten, so scheint es wohl noch Jahre zu dauern, bis die Niedrigzinsphase beendet werden kann. Selbst Mario Draghi, der Chef der Europäischen Zentralbank, ist der Meinung, dass es bis zum Jahr 2019 keine Zinserhöhung geben wird. Was das bedeutet? In den kommenden Jahren brauchen die Anleger, sofern sie ihr Geld sinnvoll investieren möchten, Alternativen.

Gibt es für die sicherheitsorientierten Anleger auch Alternativen zu Festgeld- oder Tagesgeldkonten?

An der Börse gibt es Alternativen. Keine Angst - man muss nicht automatisch zum waghalsigen Spekulanten werden, wenn man sein Geld an der Börse vermehren möchte. Wer nicht binnen einer Woche zum Millionär werden möchte, der kann sein Geld stressfrei anlegen und sich am Ende über eine ordentliche Rendite freuen, die weit über 2 Prozent liegen kann und auch wird. Wer jetzt denkt, warum er an der Börse keine Millionen machen kann, der kann beruhigt werden - natürlich ist es möglich, jedoch ist das Risiko derart hoch, dass die Wahrscheinlichkeit höher ist, am Ende einen Totalverlust zu erleiden.

Doch wie ist es möglich, dass man an der Börse einen risikoarmen Vermögensaufbau erlebt? Immer wieder liest man von extremen Kursschwankungen, von Totalverlusten oder zumindest derart gravierenden Kursabstürzen, sodass sogar ganze Existenzen zerstört werden. Das Zauberwort: ETF. ETFs können - wie auch Aktien von börsennotierten Unternehmen - gekauft und verkauft werden. Zudem muss man, wenn man in ETFs investiert, auch keine hohen Summen aufs Spiel setzen. Am Ende sind gerade einmal 50 Euro/Monat (oder auch nur 25 Euro/Monat) ausreichend, damit es zu einer Vermehrung des Kapitals kommt (siehe das Kapitel: "Was sind ETFs? ").

Aufgrund der Tatsache, dass Sie gerade dieses Buch lesen, haben Sie schon den ersten Schritt in die richtige Richtung gesetzt. Leider beschäftigen sich nur die wenigsten Deutschen mit ihrem Geld. Viele leben von ihrem monatlichen Einkommen, das nahezu 1 zu 1 in Konsumgüter fließt - nach Abzug der Miete, der Betriebskosten und der sonstigen Ausgaben (Versicherungen, Einkäufe und dergleichen) wird der Rest des Einkommens ebenfalls ausgegeben. Das ist auch der Grund, warum viele Deutsche über keine Ersparnisse verfügen. Ein Problem, das sich erst in den kommenden Jahren manifestieren wird. Denn wer heutzutage nicht an die Zukunft denkt und das Geld 1 zu 1 ausgibt, der muss sich bewusst sein, dass er wohl - wenn er nicht rechtzeitig reagiert - jener Deutscher werden wird, den die Altersguillotine besonders hart treffen kann, weil die Rente nicht ausreicht, um den Lebensstandard zu halten, der während der Berufslaufbahn geschaffen wurde. Wer dann doch sein Geld anlegt, damit er - zumindest aus finanzieller Sicht - einen ruhigen und entspannten Lebensabend genießen kann, der wird feststellen müssen, dass ihm extrem viel Geld durch die Finger fließt, sofern er sich für traditionelle Produkte entschieden hat. Denn auch Lebensversicherungen oder Rentenvorsorgeprodukte sind heutzutage kaum noch empfehlenswert, weil es am Ende zu keinen Gewinnen kommt.

Der größte Anlegefehler? Man spart nicht. Der zweitgrößte Anlagefehler? Man entscheidet sich für Produkte, die keine Gewinne mit sich bringen.

Nur jene Personen, die viel Geld haben, können auch in alternative Veranlagungen investieren - richtig oder falsch?

Immer wieder hört man, dass man nur dann Geld anlegen kann, wenn man auch Geld besitzt. Das ist jedoch nicht richtig. Auch geringe Summen können investiert werden (siehe das Kapitel: "Direktinvestment oder Sparplan?"). Wer dann etwas Geld hat, der entscheidet sich für ein Tages- oder Festgeldkonto, weil es hier kein Risiko gibt. Das mag zum Teil auch richtig sein. Derartige Produkte sind extrem sicher, haben jedoch den Nachteil, dass sie auch keine Gewinne versprechen. Wer sich über einen Zinssatz in der Höhe von 0,25 Prozent freut, obwohl die Inflation bei 1,2 Prozent liegt, muss sich bewusst sein, dass seine Ersparnisse regelrecht aufgefressen werden. Am Ende gibt es also kaum einen Unterschied zu einer Nichtveranlagung - es spielt also fast keine Rolle, ob das Geld unter dem Bett liegt oder am Tagesgeldkonto aufgehoben wird. Wer sich für einen kostenpflichtigen Tagesgeldkonto-Anbieter entscheidet und somit auch noch Gebühren für das Konto entrichten muss, der erleidet sogar noch einen größeren Nachteil. Schlussendlich frisst die Inflation einerseits am Ersparten, andererseits nagen auch die Gebühren am Ersparten. Wer also am Ende des Jahres 1.000 Euro gespart hat, der muss davon ausgehen, dass er - durch den realen Geldwertverlust und die Kosten für das Konto - nur noch rund 950 Euro besitzt.

Es hat sich in den letzten Jahren ein falsch verstandenes Sicherheitsgefühl entwickelt, das die Deutschen in eine Sackgasse manövrierte. Schlussendlich sind auch sogenannte ETFs-Fonds sicher, die Gewinnchancen sind aber deutlich höher (siehe das

Kapitel: "Die Vor- und Nachteile"). Das Problem? Wer den Begriff Börse hört, der denkt automatisch an Misserfolge, an Verluste und auch an die Tatsache, dass es zu einer systematischen Geldvernichtung kommt. Doch warum denken die Deutschen in diese Richtung?

Einerseits liegt es an dem Umstand, weil sie sich noch nicht mit dem Thema befasst haben, andererseits an der Tatsache, weil sie - aufgrund des Desinteresses - auch nicht die Materie verstehen.

Wer denkt, dass die Börse gefährlich ist, hat sich noch nie mit den Vor- und Nachteilen auseinandergesetzt!

Natürlich gibt es Anleger, die ihr Geld in Produkte investieren und am Ende feststellen, dass sie einen Großteil (oder womöglich das gesamte Kapital) verloren haben. Genau derartige Geschichten sind es auch, warum dann viele Privatanleger ihr Geld auf Fest- oder Tagesgeldkonten bunkern. Doch niemand fragt, warum der Anleger sein Geld verloren hat. Die Gründe sind vielfältig, wobei in der Regel davon ausgegangen werden kann, dass der Anleger das Produkt, für das er sich schlussendlich entschieden hat, nicht verstanden hat. Er investierte also in ein Geschäft, das zwar hohe Gewinne versprach, jedoch auch riskant war - am Ende hätte die Sache natürlich auch anders ausgehen können, doch oftmals entscheidet man sich für den falschen Weg, wenn man die Hintergründe nicht kennt. Man lässt sich von Emotionen leiten und wittert den großen Gewinn. Das Risiko? Nebensache. "Es wird schon nichts passieren." Doch der Anleger, der schon im Vorfeld Informationen eingeholt hat und sich mit den unterschiedlichen Kennzahlen befasste, der hat den möglichen "Niedergang" schon vor dem Investment erkannt. Zudem gibt es auch zahlreiche "schwarze Schafe", die Produkte anbieten, weil sie durch den Abschluss eine hohe Provision erhalten. Genau deshalb ist es auch ratsam, wenn im Vorfeld Informationen eingeholt werden, sodass man sich nicht nur auf Dritte verlasen muss. Immer wieder kommt es vor, dass Finanzberater vorwiegend auf die eigenen Provisionszahlungen achten und gar nicht im Sinne des Anlegers agieren.

Sie wollen nicht mehr von den Produkten Ihrer Bank abhängig sein, möchten Ihr Vermögen vermehren und sich am Ende über hohe Gewinne freuen. Doch Sie wissen, dass jede Veranlagung auch ein Risiko mit sich bringt. Genau deshalb werden Sie auch im Vorfeld Informationen einholen, damit Sie die möglichen Risiken reduzieren können (sieh das Kapitel: "Der Aufbau des Vermögens - eine Schritt-für Schritt-Anleitung).

Genau deshalb ist es wichtig, dass sich Anleger, die auf der Suche nach alternativen Finanzprodukten sind, auch mit der jeweiligen Materie befassen. Das ist wohl auch der Grund, warum Sie gerade dieses Buch lesen.

Was sind ETFs?

Spricht man von einem ETF ("Exchange Traded Fund"), so handelt es sich in erster Linie um ein Finanzprodukt, mit dem Geld verdient werden kann. Doch natürlich kann der Anleger - wie auch bei anderen Finanzprodukten - auch Geld verlieren. Die Besonderheit dieses Finanzproduktes? ETFs kann man, wie etwa auch Aktien, ganz normal an der Börse kaufen oder auch verkaufen. Der Handel ist also flexibel und extrem transparent - das unterscheidet ETF-Fonds auch von klassischen Investmentfonds. Doch es gibt noch weitere Charaktereigenschaften, die nicht ignoriert werden dürfen: In der Regel handelt es sich um Indexfonds, das heißt, dass die ETFs die Kursentwicklungen eines Index nachbilden. Investiert der Anleger also in einen DAX-ETF, so wird er dieselbe Performance wie der deutsche Leitindex erzielen (siehe das Kapitel: "Auf der Suche nach dem passenden Fonds").

Ein Beispiel, um zu verstehen, warum ETFs so besonders sind: Orientiert sich der Indexfonds am deutschen Leitindex DAX und dieser steigt um 4,5 Prozent, so steigt auch der ETF um 4,5 Prozent - verliert der DAX jedoch 2 Prozent, so verliert auch der ETF 2 Prozent.

Aufgrund der Tatsache, dass sich die ETFs auf einen Index beziehen, sind sie passiv gemanagte Fonds. Das bedeutet, dass der Fondsmanager in erster Linie die Aufgabe hat, dass er dieselbe oder eine ähnliche Wertentwicklung beim jeweiligen ETF erreichen muss. Das ist auch der Grund, warum die Anleger nur geringere Fondsmanagementgebühren bezahlen müssen. Investmentfonds sind in der Regel aktiv geführt - der Fondsmanager muss also eigene Anlageentscheidungen treffen, sodass er eine hohe Performance erreicht.

ETFs sind also nichts anderes als börsengehandelte Indexfonds, die in der Regel einen marktbreiten Index abdecken. Im Jahr 1976 wurde in den Vereinigten Staaten von Amerika der erste Indexfonds aufgelegt ("Vanguard S&P 500"). Dieser sollte ein breiteres Publikum ansprechen und dazu führen, dass sich noch mehr Menschen für die Börse interessieren. Der "Vanguard S&P 500", ein klassischer Pensionsfonds, in dem sich die Altersvorsorgen von Millionen Menschen befanden, wurde zu Beginn noch von den Experten verspottet - viele "Insider" gaben dem Produkt keine Chance, sich tatsächlich am Markt halten zu können (siehe das Kapitel: "Sind Indexfonds eine bessere Alternative? ").

Die Besonderheit von ETFs? Sie erreichen immer nur den Marktdurchschnitt. Genau deshalb waren sie lange Zeit auch wenig attraktiv und wurden von den Finanzexperten als "langweilig" wahrgenommen. Viele Fondsmanager waren der Ansicht, sie könnten die Durchschnittsergebnisse problemlos durch eine Auswahl von bestimmten Wertpapieren übertreffen und deutlich bessere Ergebnisse erzielen. Doch Jahre später war klar, dass diese Meinung nicht der Realität entsprach - auch zahlreiche Studien haben belegt, dass das genaue Gegenteil der Fall ist: Nicht einmal mit den besten Methoden und den vielversprechendsten Strategien ist es möglich, dass man dauerhaft besser als der Markt ist (siehe das Kapitel:

"Sind Indexfonds eine bessere Alternative? "). An den Finanzmärkten gilt nämlich ein ungeschriebenes Gesetz: Wer das Ziel hat, immer besser als der Markt sein zu wollen, der muss auch ein immer ein höheres Risiko eingehen - es ist de facto unmöglich, den Markt langfristig zu überlisten.

Genau diese Erkenntnis machen sich auch die ETF-Anleger zunutze - sie wollen also gar nicht besser als der Markt sein. Die ETFs präsentieren nur den Markt und erreichen so eine durchschnittliche Wertentwicklung. Auch wenn der amerikanische Pensionsfonds "Vanguard S&P 500" zu Beginn noch belächelt und nicht ernst genommen wurde, so war es genau diese Philosophie, die dazu führte, dass großartige Erfolge gefeiert werden konnten. Natürlich waren die dokumentierten Erfolge nur der Anfang einer langen Reise. Auch in Europa wurde man neugierig und beobachtete das Geschehen in den USA. Doch es dauerte Jahre, bis auch in Europa die ersten Indexfonds eine ordentliche Kraft entwickeln konnten. Erst mit den 1990er Jahren wuchs die Zahl der Indexfonds; der endgültige Durchbruch kam erst nach dem Jahr 2000.

Doch bei den ETFs handelt es sich nicht nur um börsengehandelte Fonds - schlussendlich finden sich ja auch Investmentfonds an der Börse. ETFs sind also immer börsengehandelte Indexfonds. Doch warum entscheiden sich immer mehr Anleger für ETFs? Vor allem liegt es an den günstigen Gebühren. Während ein gewöhnlicher Investmentfonds oft mit einer Managementgebühr zwischen 1 und 2 Prozent belastet ist, müssen Anleger, die sich für den börsengehandelten Indexfonds entscheiden, keinesfalls derartige

Gebühren bezahlen. In der Regel belaufen sich die Gebühren zwischen 0,1 und maximal 0,2 Prozent (siehe das Kapitel: "Der Aufbau des Vermögens - eine Schritt-für-Schritt-Anleitung/Zu Beginn folgt die Überprüfung der Gebühren").

So helfen ETFs einerseits bei der Kostenreduktion, andererseits verfolgen sie auch eine äußerst transparente Anlagestrategie. Vor allem sind es die Kosten, die für die Anleger besonders interessant sind. Nachdem zwei Krisen im vergangenen Jahrzehnt den Markt erschütterten, begannen sich auch die Anleger zu fragen, wie teuer diverse Fonds tatsächlich sind. Das erschütternde Ergebnis der damaligen Überprüfungen? Viele Investmentfonds waren extrem teuer. Die Folgen? Zahlreiche Anleger stießen die Investmentfonds ab. Es kam praktisch zum Ende der traditionellen Investmentfonds und zum Beginn der ETFs. Plötzlich waren ETFs eine empfehlenswerte Alternative geworden. Es waren vor allem die geringen Kosten, die Flexibilität und auch die Handelsvolumina, die immer mehr Anleger ansprachen. Des Weiteren sind die Wertpapiere im ETF im Besitz des Anlegers - es handelt sich dabei um ein geschütztes Sondervermögen. Selbst dann, wenn die Bank zahlungsunfähig wird, bleiben die Wertpapiere im Besitz des Anlegers, da diese keinen Teil der Insolvenzmasse darstellen (siehe das Kapitel: "Was sind ETFs?/Die Fondsgesellschaft meldet Insolvenz an - was passiert mit dem Kapital? "). Somit ist es auch keine Überraschung, dass in den letzten Jahren immer mehr Anleger ihr Geld in ETFs investierten. Auch innerhalb Europas - vor allem auch in Deutschland - wurden ETFs immer beliebter. Heute gibt es - nur innerhalb Deutschlands - Hunderte von ETFs.

Zu beachten ist natürlich die passive Investmentphilosophie. Hier sucht man nicht nach der besten oder gar gewinnträchtigsten Aktie - man begnügt sich immer nur mit dem Marktdurchschnitt. Wer ETFs kaufen möchte, der benötigt nur ein Wertpapierdepot. So besitzen ETFs - wie auch Aktien, Anleihen oder auch Publikumsfonds - eine ISIN und eine Wertpapierkennnummer (WKN). Mittels ISIN und WKN können ETFs eindeutig identifiziert werden. Es genügen am Ende nur wenige Klicks, damit man sein Geld in ETFs investieren kann. Der Kauf erinnert dabei an den Erwerb einer Aktie. Der Anleger sucht sich ein ETF aus, gibt den Handelsplatz ein und schickt die Order ab. Fertig.

Physische replizierende ETFs

Im Zuge der "Full-Replication-Methode" werden alle Bestandteile des Index mit einer entsprechenden Gewichtung im Sondervermögen gehalten. Somit ist der "Tracking Error" - also die Abweichung vom tatsächlichen Vergleichsindex - äußerst gering. Jedoch stößt die Methode bei zahlreichen Indizes - wie etwa dem S&P 500 - auf praktische Grenzen; die Transaktionskosten wären für rund 500 Aktien extrem hoch. Genau deshalb arbeiten ETFs mit sogenannten "Samplingmethoden", sodass sie nur eine Teilmenge für das Sondervermögen kaufen - dabei handelt es sich in der Regel um die Werte mit der höchsten Liquidität oder dem höchsten Gewicht. Beim "optimized sampling" hält hingegen der ETF fast alle Aktien, die sich im Vergleichsindex (also dem Originalindex) befinden. Damit zusätzliche Einnahmen lukriert werden können, werden die entsprechenden Wertpapiere am Kapitalmarkt - bei täglichem Ausgleich und gegen Besicherung - verliehen.

Synthetische ETFs

Der ETF-Anbieter lässt sich die Entwicklung des Index über einen Tausch mit der Bank zusichern ("Swap"). Er hält ein ETF-Portfolio mit Aktien von großen und renommierten Unternehmen. Die Bank und der ETF-Anbieter gleichen die entstehenden Differenzen aus, die im Zuge der Wertentwicklung auftreten können. Da es sich um Tauschgeschäfte handelt, können die ETF-Anbieter die Index-Entwicklung kostengünstiger nachbilden. Zu beachten ist, dass die Tauschgeschäfte oft auch durch Staatsanleihen besichert sind.

Privatanleger interessieren sich in der Regel für die physisch replizierenden ETFs. Sie wirken - zumindest auf den ersten Blick - risikoärmer (siehe das Kapitel: "Die Vor- und Nachteile"). Zahlreiche Experten vertreten sogar die Meinung, dass physisch replizierende ETFs überhaupt kein Risiko mit sich bringen. Das stimmt jedoch nur zum Teil. Verluste sind etwa möglich, wenn die Bank vor der Insolvenz verabsäumt hat, die Sicherheiten zu erhöhen.

Thesaurierende ETFs

Werden aus den Aktien Dividenden erzielt, so fließen diese in die Veranlagung - es kommt somit zur Wiederveranlagung und nicht zur Ausschüttung an den Anteilsnehmer. Zu beachten ist, dass bei physisch replizierenden Fonds aber dennoch die sogenannte Abgeltungssteuer durch den Anleger bezahlt werden muss. Ein gravierender Unterschied zu den synthetisch thesaurierenden Fonds - hier ist keine Abgeltungssteuer durch den Anleger zu entrichten. Zu berücksichtigen sind aber die zukünftigen Entwicklungen: Noch im Jahr 2018 soll das Investmentsteuergesetz reformiert werden - in weiterer Folge kommt es zu einer einheitlichen Besteuerung, sodass auch jene Anleger eine Abgeltungssteuer entrichten müssen, die sich für einen synthetisch thesaurierenden Fonds entschieden haben (siehe das Kapitel: "Der Aufbau des Vermögens - eine Schritt-für-Schritt-Anleitung/Die Besteuerung").

Ausschüttende ETFs

Die Dividenden werden an die Anleger ausgeschüttet; eine Wertsteigerung ist nur möglich, wenn es auch zu Kursgewinnen kommt. Die Abgeltungssteuer wird direkt aus den Dividendenzahlungen bezahlt. Beläuft sich der Gewinn noch auf unter 800 Euro, so ist keine Steuer zu entrichten.

Die Fondsgesellschaft meldet Insolvenz an - was passiert mit dem Kapital?

Ein Zertifikat entspricht - zumindest aus rechtlicher Sicht - einer Schuldverschreibung. ETFs sind jedoch ein Sondervermögen - dieses wird getrennt vom Vermögen der Verwaltungsgesellschaft aufbewahrt. Muss die Fondsgesellschaft also Insolvenz anmelden, so hat das kaum Auswirkungen auf den Anleger, weil das Vermögen niemals in die Insolvenzmasse fällt und somit nicht betroffen ist. Das Kapital, das also vom Anleger investiert wurde, bleibt also - selbst dann, wenn die Gesellschaft Insolvenz anmeldet - in den Händen des Anlegers. Ein erheblicher Vorteil, weil somit die Gläubiger und die Fondsgesellschaft keinen Zugriff auf das Sondervermögen haben. Genau deshalb gibt es auch kein sogenanntes Emittentenrisiko. Problematisch ist hingegen nur das Kontrahentenrisiko, sofern sich der Anleger für einen indirekt replizierenden Fonds entscheidet. Da derartige ETFs nicht physisch in die Bestände investieren, sondern sich nur im Sinne des Tauschgeschäftes die Entwicklung garantieren lassen, kann es zum Problem werden, wenn der Kontrahent tatsächlich ausfällt. Kontrahenten sind in der Regel immer internationale Banken, wobei deren Stabilität niemals in Zweifel gezogen wird, wenn diese als Kontrahenten ausgewählt wurden. Des Weiteren entwickelten sich auch rund um die synthetisch replizierten ETFs Standards, sodass - vor allem in den letzten Jahren - das Kontrahentenrisiko extrem gesenkt werden konnte. So gibt es einerseits mehrere Swap-Kontrahenten oder auch derart hohe Sicherheiten, die den Gegenwert des vereinbarten Tauschgeschäfts überschreiten.

Der Anleger, der sich für physisch replizierende ETFs entscheidet, ist zu 100 Prozent auf der sicheren Seite; investiert er sein Geld in indirekt replizierende ETFs, so muss er sich bewusst sein, dass nur ein geringes Risiko besteht. Jedoch kann die Wahl der etablierten Emittenten auch dazu führen, dass das Risiko - fast zur Gänze - gemindert werden kann. Vor allem wurden in den vergangenen Jahren viele indirekt replizierende ETFs auf direkte Replikationen verändert. Somit folgen viele ETF-Anbieter den Wünschen der Anleger, die vorwiegend eine sichere Veranlagung ihres Kapitals wünschen und nicht unbedingt hohe Gewinne möchten.

Sollte der Anleger sein Geld in Investmentfonds oder doch lieber in Aktien investieren?

Fonds sind eine in Deutschland recht beliebte Geldanlage. Vor allem private Anleger, die in den letzten Jahren bemerkt haben, dass es für klassische Veranlagungen kaum noch attraktive Zinsen gibt, befassen sich immer mehr mit Fonds. Ein Blick in die Vergangenheit zeigt auch, dass es im Bereich der Fonds auch eine enorme Entwicklung gab: 1959 gab es gerade einmal 15 Fonds, heute können die Anleger aus mehr als 8.000 zur Verfügung stehenden Fonds wählen.

Im folgenden Abschnitt geht es vorwiegend um Investmentfonds und nicht um die Indexfonds (siehe das Kapitel: "Was sind ETFs?").

Die Investmentfonds werden ausschließlich aktiv von den Fondsmanagern verwaltet. Dabei handelt es sich um einen Fonds einer Kapitalverwaltungsgesellschaft, die in weiterer Folge das Sondervermögen verwaltet. Dieses Sondervermögen kann etwa in

Renten (Staatsanleihen), Aktien, Währungen oder auch in Immobilien oder etwa auch in Rohstoffen angelegt sein. Des Weiteren gibt es Geldmarktfonds, die in Bankguthaben oder auch in Geldmarktinstrumente investieren. Aufgrund der Tatsache, dass das Fondsvermögen - aus rein rechtlicher Sicht - ein Sondervermögen ist, ist es auch im Zuge einer Insolvenz geschützt. Für den Anleger besteht somit kein Emittentenrisiko. Die Anlagegesellschaften sind verpflichtet, dass sie das Kapital der Anleger bei unabhängigen Depotbanken lagern.

Das Ziel eines aktiv gemanagten Investmentfonds? Durch eine äußerst geschickte Geldanlage und eine gezielte Umschichtung des Vermögens will man besser als der Markt sein. Entscheidet sich der Anleger für Aktien und investiert sein Geld in deutsche Unternehmen, so will er besser als der DAX abschneiden - er möchte also deutlich höhere Renditen erzielen.

Unterschieden wird zwischen geschlossenen und offenen Fonds. Zudem ist zu beachten, ob es sich um einen thesaurierenden (siehe das Kapitel: "Was sind ETFs?/ Thesaurierende ETFs") oder ausschüttenden (siehe das Kapitel: „Was sind ETFs?/ Ausschüttende ETFs") Fonds handelt.

Offene Fonds

Viele Fonds sind offen und können über Finanzinstitute, Banken, die Investmentgesellschaft, über Fondsvermittler oder auch direkt über die Börse erworben werden. Die Rückgabe - also der Verkauf -

der Fondsanteile erfolgt in der Regel an die Investmentgesellschaft. Dabei bemisst der Anteilswerber den aktuellen Wert des Vermögens und dividiert die Anzahl der schon ausgegebenen Anteile. Anleger, die einen kurzen, mittleren oder langfristigen Anlagehorizont haben, können sich durchaus für einen offenen Fonds entscheiden. Zudem gibt es auch begrenzte Fonds - in der Regel spricht man hier von Laufzeitfonds.

Geschlossene Fonds

Die geschlossenen Fonds werden oftmals in der Rechtsform einer GmbH & Co KG betrieben. Dabei werden die Kommanditanteile zum Kauf angeboten - zu beachten ist, dass es hier oftmals einen bestimmten Platzierungszeitraum gibt. Wurden alle Anteile verkauft, so wird der Fonds geschlossen. Anleger müssen berücksichtigen, dass die Emissionskosten extrem hoch sind - in der Regel beläuft sich der Ausgabeaufschlag zwischen 15 Prozent und 20 Prozent. Genau deshalb sollten auch nur jene Anleger in einen geschlossenen Fonds investieren, die einen extrem langen Anlagehorizont - mindestens 10 Jahre - haben.

Die geschlossenen Fonds investieren in der Regel in gewerbliche Immobilien; mitunter kann das Geld auch in Wohnimmobilien fließen. Jedoch gibt es auch geschlossene Film- oder Medienfonds, Waldfonds, Flugzeugfonds oder auch Infrastrukturfonds oder auch Unternehmensbeteiligungen, die ebenfalls allesamt geschlossen sind. Aufgrund der Tatsache, dass es immer wieder Betrugsfälle gab, steuerliche Vorteile verloren gingen, höhere Haftungsrisiken vorliegen und selbst ein Totalverlust nicht ausgeschlossen werden kann, sind geschlossene Fonds nicht unbeliebt beliebt. Sie sind - vor allem in der breiten Öffentlichkeit - extrem in Verruf geraten. Vor allem Privatanleger, die ihr Geld in einen Fonds investieren wollen, sollten sich lieber gegen einen geschlossenen Fonds entscheiden. In der Regel werden den Privatpersonen kaum geschlossene Fonds empfohlen werden.

Ausschüttende Fonds

Entscheidet sich der Anleger für einen ausschüttenden Fonds, so darf er sich auf jährlich erwirtschaftete Nettoerträge freuen. Zuvor kommt es jedoch zum Abzug der sogenannten Abgeltungssteuer. Diese beläuft sich auf 25 Prozent (zuzüglich 5,5 Prozent Solidaritätszuschlag). Bei dieser Ausschüttung spricht man auch von der Dividende - das ist der passive Cashflow für den Anleger.

Thesaurierende Fonds

Jene Erträge, die vom Fonds erwirtschaftet wurden (das können Dividenden, Zinsen, Mieten oder auch Verkaufserlöse sein), werden nicht an den Anleger ausgeschüttet - jene Erträge werden reinvestiert. Zu beachten ist, dass im Vorfeld jedoch die laufenden

Kosten abgezogen werden, sodass es zu keiner Reinvestitionen des gesamten Betrages kommt. Kommt es zum Verkauf der Fondsanteile, so wird der Gewinn besteuert - werden die Anteile nicht verkauft, so fällt auch keine Steuer an. Der Anleger profitiert also vom Zinseszinseffekt.

Was sind Dachfonds?

Hier werden keine einzelnen Aktien gekauft - hier fließt das Geld in Anteile anderer Fonds. Das sind entweder Renten- oder auch Aktienfonds. Das Ziel? Ein geschickter Mix von verschiedenen Fonds, die allesamt eine unterschiedliche Strategie aufweisen, soll am Ende einen hohen Gewinn mit sich bringen. Jedoch muss der Anleger hier doppelte Kosten bezahlen - einerseits trägt er die Kosten für den aktuellen Fonds, andererseits muss er auch die Kosten des Dachfonds tragen. Dachfonds sind die mit Abstand teuersten Fonds.

Was sind Mischfonds?

In der Regel investieren die Mischfonds in Renten oder auch in Aktien; in wenigen Fällen finden sich in den Mischfonds auch noch andere Anlagekategorien. In einigen Mischfonds herrscht ein bereits festgelegtes Mischverhältnis. Es gibt aber auch Mischfonds, die zu 100 Prozent in Anleihen oder Aktien investieren, sodass auf Marktentwicklungen reagiert werden kann. Nur so kann die optimale Rendite erzielt werden. Aufgrund der Tatsache, dass die Zinsen so niedrig wie noch nie sind, können Mischfonds jedoch nicht mehr empfohlen werden. In den letzten Jahren haben sich immer mehr Anleger gegen diese Variante entschieden.

Rechtliche Informationen

Fonds unterliegen in Deutschland den Vorschriften des sogenannten Kapitalanlagegesetzbuchs (kurz: KAGB). Das Gesetz trat mit Juli 2013 in Kraft. Das KAGB regelt etwa, dass jene Fonds, die in Deutschland aufgelegt sind, den Grundsatz der sogenannten Risikostreuung beachten müssen. Das heißt, dass in den Aktienfonds mindestens 16 verschiedene Wertpapiere vorhanden sein müssen, wobei kein Wertpapier mehr als 10 Prozent des gesamten Vermögens haben darf. Des Weiteren unterliegen die in Deutschland aufgelegten Fonds den Regeln der "Bundesanstalt für Finanzdienstleistungen" (kurz: BaFin). Die BaFin übernimmt auch die Aufsicht.

Wie empfehlenswert sind Aktien?

Natürlich kann das Geld auch in Aktiengesellschaften investiert werden. Auch hier gibt es verschiedene Strategien, die am Ende dazu führen, dass es zu einer Vermögensvermehrung kommt (entweder durch Kursanstiege oder auch durch die Ausschüttung von Dividenden). Jedoch sind Aktien - verglichen mit ETFs-Fonds - relativ riskant. Vor allem auch, weil viele Anleger in zwei oder drei Gesellschaften investieren und somit eine geringe Diversifikation haben. Es ist aber immer die Diversifikation - also die Risikostreuung - die am Ende für Gewinn oder Niederlage verantwortlich ist. Wer alles auf eine

Karte setzt, der kann zwar hohe Gewinne verbuchen, muss sich aber bewusst sein, dass sich der Markt auch in die falsche Richtung bewegen kann. Der Vorteil von ETFs-Fonds? Hier investiert der Anleger nicht in zwei oder drei Unternehmen, sondern in einen Fonds, der sich an den Leitindex orientiert, in dem sich die stärksten Aktiengesellschaften befinden.

Sind Indexfonds eine bessere Alternative?

Das wohl wichtigste Auswahlkriterium? Die Gebühren. Genau diese sind es, warum Investmentfonds oftmals mit einem schlechten Ruf zu kämpfen haben. Selbst ETFs, also börsengehandelte Indexfonds, werden oft für die Gebühren kritisiert - jene sind aber, verglichen mit den klassischen Investmentfonds, deutlich geringer. Doch welche Rolle spielen die Gebühren tatsächlich? Ist es nicht vor allem die Wertentwicklung, die am Ende die größte Rolle spielen sollte? Vor allem stellen sich auch viele Anleger die Frage, ob - wenn schon Investmentfonds zu teuer sind - zumindest die Indexfonds eine interessante Alternative darstellen.

Vergleicht man die Managementgebühren (siehe das Kapitel: "Der Aufbau des Vermögens - eine Schritt-für-Schritt-Anleitung/Zu Beginn folgt die Überprüfung der Gebühren", so zeigt sich relativ schnell, dass Indexfonds wesentlich günstiger sind. Doch wie sieht es bei der Wertentwicklung aus, wenn beide Fonds miteinander verglichen werden? Dieser Frage ging auch das Fondsanalysehaus "Thomson Reuters Lipper" nach. So wurden alle ETFs und Investmentfonds, die in Frankreich, der Schweiz, in Großbritannien, Deutschland und der USA zur Verfügung stehen, hinsichtlich der Wertentwicklung über ein ganzes Jahr (1. Oktober 2014 bis 30. September 2015), über drei Jahre (1. Oktober 2012 bis 30. September 2015) und auch über fünf Jahre (1. Oktober 2010 bis 30. September 2015) verglichen.

Ein Blick in die Vergangenheit

Der Vergleich zeigte deutlich, dass vor allem die börsengehandelten Indexfonds überzeugten. Jene, die sich auf den französischen CAC 40 TR, den DAX 30 TR und den amerikanischen S&P 500 NR und die beiden europäischen Indizes MSCI Europe NR und Euro Stoxx 50 bezogen, schnitten weitaus besser ab - in allen Vergleichszeiträumen (siehe auch das Kapitel: "Auf der Suche nach dem passenden Fonds").

Der CAC 40 NR, der französische Fonds, zeigte jedoch im Lauf des Vergleichs ein gemischtes Bild. Während im kürzesten Vergleichszeitraum (ein Jahr) der traditionelle Investmentfonds in Führung war, konnte der CAC 40 NR im dreijährigen und auch im fünfjährigen Vergleichszeitraum die Führung übernehmen.

So verhielt es sich auch bei den Produkten, die sich vorwiegend auf den S&P 500 TR Index bezogen haben. Die traditionellen Indexfonds, die sich ausschließlich auf den MSCI USA NR bezogen, hatten - über alle drei Betrachtungszeiträume - wesentlich bessere Wertentwicklungen als die ETFs.

Doch was bedeutet diese Studie für den Anleger, der sein Geld in einen Fonds investieren möchte? Er muss die Wertentwicklung jedes einzelnen Fonds überprüfen. Vor allem ist es wichtig, dass nicht nur das letzte Jahr herangezogen wird. Wichtig sind vor allem die längeren Betrachtungszeiträume. Nur dann, wenn der Fonds - über Jahre hinweg - an der Spitze der zusammengestellten Vergleichsgruppe liegt -

kann er auch definitiv empfohlen werden.

Doch wie ist es möglich, dass viele Investmentfonds - verglichen mit ETFs - eine deutlich schlechtere Wertentwicklung aufweisen? Schlussendlich nutzen alle Fonds dieselben Techniken des heute modernen Portfoliomanagements. Hier kann man abermals auf die Transaktionskosten verweisen - es geht also wieder einmal um die Gebühren. Während ETFs bei jedem Verkauf oder Verkauf vom sogenannten "Authorized Participant" (jene Marktteilnehmer, die auch autorisiert sind, Fondsanteile vom jeweiligen ETF zurückzunehmen oder auszugeben) die Wertpapiere ausgeliefert bekommen oder liefern können, wird im Zuge des Investmentfonds immer der Markt als Bindeglied herangezogen. Jeder Kauf und jeder Verkauf läuft also über den Markt - das erklärt auch die weitaus höheren Transaktionskosten. Diese belasten natürlich das Fondsvermögen - es kommt also zu einer deutlich niedrigeren Wertentwicklung.

Auch wenn klassische Investmentfonds nicht immer schlechter als ETFs abschneiden müssen, so sind ETFs vor allem für Anleger interessant, die einen mittel- oder auch langfristigen Anlagehorizont haben. Die längeren Vergleichszeiträume haben deutlich gezeigt, dass die Wertentwicklung deutlich besser ist, wenn man sein Geld in ETFs steckt.

Die Anlageklassen

Es gibt zahlreiche Anlageklassen - die sogenannten Assetklassen. Wichtig ist, dass sich der Anleger im Vorfeld mit den verschiedenen Assetklassen befasst. Jede Anlageklasse hat Vor- und Nachteile, die unbedingt berücksichtigt werden müssen.

Jeder Fonds setzt sich aus mehreren Assetklassen zusammen. Auch wenn immer wieder geschrieben wird, dass ETFs die beste Geldanlage für Anfänger und Einsteiger darstellen, so sollte sich der Anleger dennoch mit den verschiedenen Klassen befassen. Nur so kann er auch entscheiden, ob es sich um einen vielfältigen Fonds handelt. Zudem erhält der Anleger auch einen Einblick, ob eine optimale Risikostreuung vorliegt.

Folgende Anlageklassen sind interessant, wenn man als Anleger in ETFs investieren will:

- Aktien
- Anleihen
- Bargeld
- Immobilien
- Rohstoffe

Aktien

Eine Aktie ist nichts anderes als ein börsengehandelter Anteilsschein an einem Unternehmen - der Anleger wird also eine Art Miteigentümer des Unternehmens. Das bedeutet, dass der Anleger sehr wohl das Recht hat, vom weiteren Unternehmenserfolg zu profitieren. In der Regel schütten die Unternehmen eine Dividende an die Aktieninvestoren aus - diese Ausschüttung erfolgt einmal im Jahr. Geht der Markt jedoch in eine andere Richtung, sodass es in weiterer Folge zu Kursrückgängen kommt, so muss der Anleger einen Verlust verbuchen.

Gründet man eine Aktiengesellschaft (kurz: AG), so wird das Grundkapital des Unternehmens in verschiedene Wertpapiere aufgeteilt. Die Aktienausgabe wird auch Emission genannt. Die Wertpapiere werden entweder in einem Buch verbrieft oder in effektive Stücke gedruckt. Zu beachten ist, dass das Aktieninvestment nicht automatisch einen Gewinn bedeutet - sehr wohl kann es auch zu einer negativen Rendite kommen. Die Regel, die keinesfalls unterschätzt werden sollte, lautet: Je länger der Anlagezeitraum ist, umso höher sind auch die Chancen, dass sich die Rendite verbessert - Verluste können nämlich, innerhalb von wenigen Monaten oder Jahren - sehr wohl ausgeglichen werden. Genau deshalb ist es wichtig, dass der Anleger einen langen Atem hat und nicht die Nerven verliert, wenn die Kurse kurzzeitig in den Keller wandern.

Anleihen

Bei den ETF-Anleihen handelt es sich um sogenannte einverzinsliche Wertpapiere. Derartige Wertpapiere dienen zur Kapitalanlage oder etwa auch zur langfristigen Fremdfinanzierung. Neben den Anleihen gibt es auch Rentenpapiere, Pfandbriefe, Bonds oder auch Schuldverschreibungen. Die Anleihen werden an den Börsen gehandelt. Es handelt sich dabei um eine recht risikoarme Anlageform, die vor allem sicherheitsorientierte Anleger nutzen. Die Inhaber sind auch gleichzeitig Gläubiger - das ist auch der große Unterschied zu den Aktien. Zudem ist bei den Anleihen auch die verzinsliche Rückzahlung garantiert; zu beachten ist, dass das fehlende Risiko natürlich auch Auswirkungen auf den Gewinn hat. In der Regel ist die Rendite deutlich geringer als bei den Aktien. Das heißt, dass der Anleger auf eine bessere Rendite verzichtet, jedoch sicher sein kann, in ein extrem sicheres Finanzprodukt investiert zu haben.

Bargeld

Eine relativ sichere Anlageform. Schlussendlich ist Bargeld liquide und wird nicht durch die Marktpreise beeinflusst - das heißt, dass es kaum zu Schwankungen kommt. Genau diese Sicherheitsfaktoren haben einen Einfluss auf die Renditemöglichkeiten. Diese sind eher niedrig - inflationsbedingt ist es sogar möglich, dass es zu einer negativen Rendite kommt.

Immobilien

Hier geht es keinesfalls darum, dass der Anleger sein Geld in Immobilien anlegt - er investiert vorwiegend in börsennotierte Immobiliengeschäfte. Fakt ist, dass Gebäude immer wieder eine Wertsteigerung erfahren können; zudem profitieren die Anleger auch von den Mietzahlungen. Immer wieder entscheiden sich die ETF-Investoren für Gewerbeimmobilien, also gewerblich genutzte Flächen oder auch Büros.

Rohstoffe

Heutzutage können auch die Privatanleger in Rohstoffe investieren - vor Jahren gab es diese Möglichkeit nur für Banken. Möchte der Anleger sein Geld in ETF-Rohstoffe anlegen, so stehen ihm mehrere Möglichkeiten zur Verfügung. Wichtig ist, dass sich der Anleger im Vorfeld eine Übersicht verschafft, welche

Vor- und Nachteile bestehen und wie die unterschiedlichen Rohstoffe auf mögliche Marktentwicklungen reagieren können. Den Anlegern stehen Edelmetalle (Gold und auch Silber) zur Verfügung - diese Rohstoffe eignen sich hervorragend für eine langfristige Veranlagung. Jedoch können die Anleger auch direkt in Zertifikate oder auch in Fonds investieren. So etwa in Lebensmittel wie Kaffee, Kakao, Mais oder auch Weizen - selbst Kupfer und Eisen stehen zur Verfügung. Anleger profitieren immer dann von der Entwicklung des Basiswertes, wenn der jeweilige Rohstoffmarkt in die richtige Richtung geht. Wichtig ist daher ein ausgewogenes ETF-Portfolio. Dieses erkennt man daran, dass in mehrere Rohstoffe investiert wird. Zudem muss berücksichtigt werden, dass die Rohstoffe immer mit ihrem zukünftigen Preis - Future-Preis - gehandelt werden.

Viele Hauptanlageklassen lassen sich zudem noch in weitere Untergruppen einteilen. So werden die Aktien nach der Unternehmensgröße oder auch nach den Ländern selektiert. Auch andere Kennzahlen sind denkbar. Wichtig ist, dass jede Unterkategorie aber ein anderes Risiko-Rendite-Profil hat und somit auch individuell auf etwaige Marktschwankungen reagieren kann (und auch wird).

Die Vor- und Nachteile

ETFs sind - vor allem im Aufbau - durchaus mit den klassischen Investmentfonds zu vergleichen. Der große Unterschied? ETFs können - wie etwa auch Einzelaktien - selbständig von den Anlegern gehandelt werden. Somit können ETFs jederzeit gekauft und auch verkauft werden. Das Geld ist zudem auch nicht für einen vorher vereinbarten Zeitraum gebunden. Somit darf sich der Anleger über eine extrem hohe Flexibilität freuen. Ein weiterer Vorteil, sofern sich der Anleger für einen Sparplan entscheidet: Er kann die monatlichen Zahlungen jederzeit erhöhen oder auch aussetzen - es gibt de facto kein anderes Finanzprodukt, das so flexibel ist.

ETFs überzeugen vor allem durch die sehr einfache Handelbarkeit. Ein weiterer Punkt ist die einfache und nachvollziehbare Kostenstruktur. Selbst Anfänger werden mit der Struktur keine größeren Probleme haben. ETFs sind auch - auch das ist für viele Anleger wichtig - extrem günstig. Pro Jahr liegen die Gebühren zwischen 0,1 und maximal 0,5 Prozent. Das liegt vor allem an der passiven Strategie. ETFs werden nicht aktiv gemanagt, sodass es - wie etwa bei Investmentfonds - keine hohen Verwaltungs- oder Abschlusskosten gibt. Zudem schneiden ETFs auch immer wieder besser bei der zu erzielenden Rendite ab. Aktiv gemanagte Produkte haben hier oft das Nachsehen, weil diese - je nach aktueller Marktlage - immer wieder umgeschichtet werden müssen.

Ein weiterer Punkt, der keinesfalls außer Acht gelassen werden darf, ist die Risikostreuung. Jeder Anleger, der sein Geld in Einzelaktien investiert, muss immer davon ausgehen, dass diese auch extrem stark an Wert verlieren können. In weiterer Folge sind herbe Verluste möglich. Ist das Unternehmen zudem insolvent, so kommt es zum Totalverlust. Entscheidet man sich für ETFs, so gibt es dieses Risiko etwa gar nicht. Der Anleger investiert ja auch in kein Produkt und in keine Firma - er steckt sein Geld in ein Portfolio aus zahlreichen Unternehmen, die sich in verschiedenen Branchen befinden. Das Portfolio ist in der Regel derart zusammengestellt, sodass ein Totalverlust fast zur Gänze ausgeschlossen werden kann. Zudem muss sich der Anleger auch nicht auf die Suche nach Analysen begeben. Da das Geld in mehrere Werte angelegt wird, spart der Anleger Zeit - er braucht auch kein tiefgründiges Börsenwissen oder muss sofort reagieren, wenn Ereignisse eintreten, die einen Einfluss auf das erworbene Wertpapier haben könnten.

Doch auch wenn es zahlreiche Vorteile gibt, so dürfen die Anleger keinesfalls die Schattenseiten ignorieren. ETFs bilden einen Markt ab - eine Outperformance der Benchmark ist somit äußerst unwahrscheinlich. Was das heißt? Ein ETF kann niemals besser als der Markt abschneiden. Ein weiteres Problem? Es herrscht ein extrem geringes Risiko. Das mag doch ein Vorteil sein? Ja. Jedoch muss sich der Anleger bewusst sein, dass das fehlende Risiko natürlich auch Auswirkungen auf die möglichen Gewinne hat. Exorbitante Wertsteigerungen, wie das etwa immer wieder bei Einzelaktien möglich ist, gibt es nicht.

Möchte der Anleger sein Portfolio diversifizieren, so

ist er definitiv gut beraten, wenn er sich für ETFs entscheidet (siehe das Kapitel: "Der Aufbau des Vermögens - eine Schritt-für-Schritt-Anleitung/Die Errichtung eines ETF-Portfolios"). Jeder ETF- und jeder Aktienkauf kostet natürlich Geld. Möchte der Anleger die Aktien der im DAX befindlichen Unternehmen erwerben, so muss er extrem hohe Kosten tragen - das entsprechende ETF ist wesentlich günstiger. Jedoch produzieren ETFs - im Unterschied zu den erworbenen Einzelaktien - laufende Kosten. Schlussendlich fordert jeder Herausgeber von Indexfonds eine Jahresgebühr, die natürlich auch Auswirkungen auf die Rendite hat.

Auch wenn Investments in ETFs relativ sicher sind, so können derartige Produkte keinesfalls mit den klassischen Tages- oder Festgeldkonten verglichen werden. Fakt ist, dass Börsenkurse immer in den Keller stürzen können - ein Risiko, auch wenn es gering ist, besteht also immer. Genau deswegen brauchen die Anleger auch einen langen Atem; all jene, die einen extrem kurzfristigen Anlagehorizont haben, sollten sich besser für ein anderes Finanzprodukt entscheiden.

Zu berücksichtigen ist natürlich die Tatsache, dass die Fondsgesellschaften eine immer größere Macht in der Wirtschaft erhalten, die vor allem durch den regelrechten ETF-Boom ausgelöst wurde. Heute erwerben die großen Fondsanbieter zahlreiche Aktien, weil das die ETF-Käufer so möchten. Somit besitzen sie beträchtliche Anteile von bestimmten Aktiengesellschaften - sie sind also weltweit vertreten. Heutzutage gibt es bereits Fondsgesellschaften, die sogar die größten Anteilseigner zahlreicher Konzerne sind.

Die Finanzexperten sind natürlich unsicher, wie die Zukunft aussehen wird - am Ende kann man nämlich die Frage, welchen Einfluss die Fondsgesellschaften haben werden, nicht beantworten.

Dieser Nachteil, der zwar keine wesentliche Rolle für den einzelnen Anleger spielt, darf somit keinesfalls außer Acht gelassen werden.

Direktinvestment oder Sparplan?

ETFs sind relativ sicher - dem Anleger bietet sich eine interessante Möglichkeit, wie er in breit gestreute Aktien investieren kann. Das Potential ist enorm. Auch Starinvestor Warren Buffet gehört zu den großen ETF-Fonds-Fans - und wenn Warren Buffet von dieser Möglichkeit begeistert ist, dann darf man sich ebenfalls für dieses Finanzprodukt begeistern. Schlussendlich hat Buffett Unsummen an der Börse verdient. Doch sollte der Anleger ein Direktinvestment wagen oder doch lieber in einen sogenannten ETF-Sparplan investieren?

Die ETFs bilden - im Gegensatz zu den klassischen Investmentfonds - nur die Entwicklung der unterschiedlichen Indizes ab. Somit entsteht eine sehr transparente und auch nachvollziehbare Diversifikation des eigenen Portfolios. Genau deshalb können ETFs auch durchaus sicherheitsorientierten Anlegern empfohlen werden. Risikoprofil und Anlagestrategie spielen keine tragenden Rollen. Wer sich für ein Direktinvestment entscheidet, der kann sich für eine passive oder eine aktive Strategie entscheiden. Der Anleger kann auch längerfristig oder nur kurzfristig investieren. Längerfristige Investitionen sind jedoch deutlich empfehlenswerter - einerseits liegt das an der Abgeltungssteuer, andererseits können mögliche Kursschwankungen, die für eine negative Wertentwicklung sorgen, ausgesessen werden, sodass sich der Wert des Fonds wieder stabilisiert.

Wenn man sein Geld anlegen will, dann muss man

nicht über extrem hohe Summen verfügen. Selbst dann, wenn man pro Monat nur kleinere Beträge anspart, kann - über die Jahre hinweg - ein durchaus attraktives Vermögen entstehen. Eine interessante Möglichkeit ist ein ETF-Sparplan. Die einzige Voraussetzung? Man braucht ein Wertpapierdepot.

ETF-Sparpläne werden bereits von einigen Diskontbrokern (siehe das Kapitel: "Der Aufbau des Vermögens - eine Schritt-für-Schritt-Anleitung/Die letzten Vorbereitungen") angeboten - somit wird man auch das Gefühl nicht los, dass es sich hier auch um eine Art Einsteigerprodukt handelt, das vor allem den Anfängern empfohlen werden kann. ETF-Sparpläne sind dann empfehlenswert, wenn der Anleger kleinere Beträge veranlagen möchte und einen langfristigen Anlagehorizont verfolgt. Derartige Sparpläne sorgen für einen kontinuierlichen Vermögensaufbau. So können ETF-Sparpläne etwa für die eigene Altersvorsorge angelegt werden.

In der Regel liegt die monatliche Mindesteinzahlung bei 50 Euro; es gibt jedoch auch Banken, die eine monatliche Mindesteinzahlung von 25 Euro akzeptieren. Der Sparplan ist zudem recht flexibel. Kann der Anleger die Raten nicht mehr bedienen, da es mitunter zu einem finanziellen Engpass gekommen ist, kann er die Zahlungen auch aussetzen. Stellt der Anleger fest, dass die monatlichen Raten zu niedrig sind, so kann er diese auch erhöhen und noch mehr Geld in den Sparplan investieren. Zudem können die Wertpapiere, die sich in dem Sparplan befinden, jederzeit verkauft werden. Dabei muss der Anleger aber nicht die gesamten Wertpapiere verkaufen - er kann sich auch für einen Teilverkauf entscheiden.

Der Vorteil von ETFs-Fonds? Die Anleger können über Jahrzehnte hinweg einzahlen und müssen sich nicht ständig Gedanken darüber machen, ob der Fonds schlecht oder gut verwaltet wird. ETFs haben nämlich keine Manager, die gute oder gar schlechte Entscheidungen treffen können. Derartige Fonds entwickeln sich immer nach dem jeweiligen Aktienindex, an den sie sich orientieren.

Entscheidet sich der Anleger für einen Sparplan, so erwirbt er regelmäßig Fondsanteile. Aufgrund der Tatsache, dass Aktienkurse stark schwanken können, schwankt natürlich auch der Wert des Fonds. Somit ist es möglich, dass sich der Sparplan sogar im Minus befinden kann. Genau deshalb ist es wichtig, dass der Anleger, sofern er sich für einen Sparplan entscheidet, einen langfristigen Anlagehorizont verfolgt. Nur so können etwaige Verluste, die jederzeit möglich sind, wieder ausgeglichen werden.

Der Anleger braucht also einen langen Atem, wobei dieser - das haben die letzten Jahre deutlich gezeigt - sehr wohl belohnt wird. Hätte sich der Anleger vor 15 Jahren für einen Sparplan entschieden, der sich am MSCI World-Index orientiert, so hätte er - im Zuge einer monatlichen Rate von 100 Euro - eine Rendite von durchschnittlich 7,4 Prozent erzielt.

Die letzten Jahrzehnte im Überblick

Die folgenden Beispiele sollen zeigen, dass die Sparpläne durchaus vielversprechend waren und noch immer sind, es jedoch gravierende Rendite-Unterschiede gibt, die im Vorfeld natürlich berücksichtigt werden müssen. Die folgenden Berechnungen beziehen sich auf eine monatliche Einlage in der Höhe von 100 Euro:

- Start: 1969 - Ende: 1984 / Rendite: 10,95 Prozent / Gesamtsumme: 43.534 Euro / Tatsächliche Einzahlung: 18.000 Euro / Endgültiger Gewinn: 25.534

- Start: 1974 - Ende: 1989 / Rendite: 14,78 Prozent / Gesamtsumme: 60.447 Euro / Tatsächliche Einzahlung: 18.000 Euro / Endgültiger Gewinn: 42.447

- Start: 1979 - Ende: 1994 / Rendite: 8,91 Prozent / Gesamtsumme: 36.639 Euro / Tatsächliche Einzahlung: 18.000 Euro / Endgültiger Gewinn: 18.639

- Start: 1984 - Ende: 1999 / Rendite: 14,46 Prozent / Gesamtsumme: 58.814 Euro / Tatsächliche Einzahlung: 18.000 Euro / Endgültiger Gewinn: 40.814

- Start: 1989 - Ende: 2004 / Rendite: 5,25 Prozent / Gesamtsumme: 27.125 Euro / Tatsächliche Einzahlung: 18.000 Euro / Endgültiger Gewinn: 9.125 Euro

- Start: 1994 - Ende: 2000 / Rendite: 0,52 Prozent / Gesamtsumme: 18.727 Euro / Tatsächliche Einzahlung: 18.000 Euro / Endgültiger Gewinn: 727 Euro

- Start: 2000 - Ende: 2015 / Rendite: 7,36 Prozent / Gesamtsumme: 32.220 Euro / Tatsächliche Einzahlung: 18.000 Euro / Endgültiger Gewinn: 14.220 Euro

Der Sparplan auf einen Indexfonds kann unabhängig vom aktuellen Geschehen abgeschlossen werden. Es spielt also keine Rolle, wann sich der Anleger für den Sparplan entscheidet - viel wichtiger ist, dass er sich dafür entscheidet. Fallen zu Beginn die Kurse, so sollte der Anleger ruhig bleiben - im Zuge des Sparplans werden über einen längeren Zeitraum Aktien erworben, sodass die fallenden Kurse dazu führen, dass mehr Anteile erworben werden. Steigt der Aktienkurs in weiterer Folge, so hat der Anleger sogar profitiert, da er Aktien zu günstigeren Preise erwarb, die nun ordentlich an Wert gewonnen haben.

Folgende Indizes eignen sich für das Fondssparen

MSCI World Stoxx Europe 600
Region: Weltweit
Firmen aus: USA und Japan
Unternehmensgröße: Große und auch mittlere Unternehmen
Währungsrisiko: Ja

MSCI Europe
Region: Europa
Firmen aus: Großbritannien und der Schweiz
Unternehmensgröße: Große, mittlere und auch kleinere Unternehmen
Währungsrisiko: Ja

MSCI EMU
Region: Europa
Firmen aus: Großbritannien und der Schweiz
Unternehmensgröße: Große und auch mittlere Unternehmen
Währungsrisiko: Ja

Region: Euroraum
Firmen aus: Frankreich und Deutschland
Unternehmensgröße: Große und auch mittlere Unternehmen
Währungsrisiko: Nein

Fakt ist, dass schon geringe monatliche Beträge ausreichen, damit sich im Laufe Zeit ein durchaus stattliches Vermögen entwickelt. Der Anleger profitiert vor allem durch den sogenannten Cost-Average-Effekt, der dafür sorgt, dass auch eine positive Rendite folgt, sofern der Kurs einbricht und am Ende wieder dieselbe Höhe erreicht, die er zu Beginn des Investments hatte. Mittels Einmaleinlage, also im Sinne des Direktinvestments, können - sofern der Kurs mit der Zeit einbricht - sodann keine lukrativen Gewinne mehr erzielt werden. Diese Tatsache zeigt auch auf, dass Investitionen in finanziell schweren Zeiten, nicht vorzeitig beendet werden dürfen. Genau das würde einen nicht zu unterschätzenden Verlust bedeuten, weil das Investment gar keine Zeit gehabt hätte, ordentlich zu wachsen.

Fiktive Beispiele, die zeigen sollen, warum ein ETF-Sparplan durchaus empfehlenswert ist

Wer sich für einen ETF-Sparplan entscheidet, der kann etwa einerseits für seine eigene Altersvorsorge sparen oder auch für seine Kinder. Folgender Sparplan soll Ihnen zeigen, dass vor allem auch Kinder profitieren, wenn Sie sich zur Geburt für einen ETF-Sparplan entscheiden. Im folgenden Beispiel investieren wir unser Geld in den MSCI World Index UCITS ETF - hier wird die Aktienkomponente repräsentiert. Für die Anleihen wählen wir den iBoxx Sovereigns Eurozone UCITS ETF. Berücksichtigen wir die letzten zehn Jahre, so könnten der MSCI World Index UCITS ETF einen jährlichen Wertzuwachs von rund 5 Prozent und der iBoxx Sovereigns Eurozone UCITS ETF einen jährlichen Wertzuwachs von etwa 4 Prozent erzielen. Wer im Monat 100 Euro einbezahlt, so werden 50 Euro in den MSCI World Index

UCITS ETF und 50 Euro in den iBoxx Sovereigns Eurozone UCITS ETF investiert.

Am Ende - also nach 18 Jahren - wurden insgesamt 21.600 Euro investiert. 10.800 Euro flossen in den MSCI World Index UCITS ETF und 10.800 Euro wurden in den iBoxx Sovereigns Eurozone UCITS ETF gesteckt. Aus den 10.800 Euro, die in den MSCI World Index UCITS ETF flossen, sind nach 18 Jahren 16.401 Euro geworden. Jene 10.800 Euro, die in den iBoxx Sovereigns Eurzone UCITS ETF gesteckt wurden, sind auf 14.873 Euro gewachsen. Die 21.600 Euro, die in den letzten 18 Jahren investiert wurden, wuchsen - innerhalb von 18 Jahren - auf 31.274 Euro. Das ist ein Gewinn von 9.674 Euro - also ein Plus von 45 Prozent.

Ein derartiger Gewinn ist natürlich immer wünschenswert, wobei natürlich an dieser Stelle bemerkt werden muss, dass nur jene Werte herangezogen wurden, die auch in den letzten zehn Jahren erzielt wurden. Es gibt keine Garantie, dass sich die Wert auch in den kommenden 10, 15 oder 20 Jahren genauso entwickeln wird. Mitunter könnten es, wenn der Sparplan noch dieses Jahr abgeschlossen wird, 35.000 Euro oder auch nur 22.500 Euro sein, die nach dem Ende der Laufzeit (in diesem Fall nach 18 Jahren) ausbezahlt werden.

- Fakt ist, dass die Rendite, ganz egal, wie sich der Sparplan entwickelt, höher als bei traditionellen Veranlagungen sein wird.
- Ein weiteres Beispiel zeigt, dass ETF-Sparpläne durchaus dafür sorgen können, dass Sie einen - zumindest aus finanzieller

Sicht - ruhigen Lebensabend erwarten dürfen.
- 30 bis rund 50 Prozent der investierten Summe werden in den MSCI World investiert, der rund 1645 Aktiengesellschaft umfasst.
- 10 bis rund 20 Prozent der investierten Summe fließen in den MSCI Emerging Markets, der etwa 836 Aktiengesellschaften enthält.
- Die restlichen 30 bis 40 Prozent fließen in den Stoxx Europe 600, der - wie der Name bereits verrät - 600 Aktiengesellschaften umfasst.
- Natürlich kann auch ein 6-Punkte-Sparplan ins Auge gefasst werden:

So fließen 30 bis rund 40 Prozent in den Stoxx Europe 600, 10 bis 20 Prozent in den MSCI North America (713 Aktiengesellschaften - Nordamerika), 10 bis 20 Prozent in den S&P SmallCap 600 (600 kleinere Aktiengesellschaften - USA und Kanada), 5 bis 10 Prozent in den Topix (1700 Aktiengesellschaften - Japan), 5 bis 10 Prozent in den MSCI AC Far East ex-Japan (549 Aktiengesellschaften - Asien), 5 bis 10 Prozent in den MSCI Emerging Markets (836 Aktiengesellschaften - weltweit), 5 bis 10 Prozent in den MSCI Emerging Markets SmallCap (1906 Aktiengesellschaften - weltweit).

Investiert der Anleger einen monatlichen Betrag von 100 Euro, wobei eine jährliche Rendite von rund 5 Prozent erzielt wird, darf er sich nach zehn Jahren über einen Gewinn in der Höhe 3.260 Euro freuen. In dieser Rechnung wurden die fiktiven Kosten (0,3 Prozent) bereits abgezogen. Nach 20 Jahren gibt es - bei derselben Sparrate und bei denselben Gebühren und bei derselben Rendite - einen Gewinn von rund 15.420 Euro! Nach 40 Jahren hätte der Anleger

48.000 Euro investiert, würde jedoch 90.210 Euro ausbezahlt bekommen. Somit wäre ein theoretisches Plus von 42.210 Euro möglich!

Fakt ist, dass eine derartige Rendite, die bei fast 50 Prozent liegt, mit keiner anderen Veranlagungsform erreicht werden kann. Natürlich gibt es - im Zuge von Einzelinvestments - derartige Erfolge, jedoch sind diese die Seltenheit. Warum? Weil der Anleger nie besser als der Markt sein kann. Zumindest nicht, wenn es seine langfristige Strategie sein sollte.

Ob der Anleger direkt investiert oder sich für einen Sparplan entscheidet, hängt natürlich vom selbstdefinierten Anlageziel ab. Wer sich für den Vermögensaufbau interessiert, damit er einen - finanziell ruhigen - Lebensabend verbringen kann, sollte sich für einen Sparplan entscheiden. Hier genügen bereits geringe Beträge, sodass am Ende durchaus hohe Gewinne erzielt werden können. Anleger, die einen kurzfristigen Anlagehorizont haben und relativ schnell einen Gewinn verbuchen wollen, können sich für ein Direktinvestment entscheiden.

Auf der Suche nach dem passenden Fonds

Fakt ist, dass sich der Anleger nicht ständig mit dem Fonds befassen muss - einerseits erspart er sich die Beobachtung, andererseits muss er nicht ständig irgendwelche Änderungen (Umschichtung der Anlage) vornehmen. Diese beiden Aspekte, die durchaus Vorteile gegenüber anderen Geldanlagen sind, haben natürlich den Nachteil, dass schon im Vorfeld gut überlegt werden muss, in welchen Fonds investiert wird.

Der Anleger muss dabei den Anlagehorizont der Fondsgesellschaft berücksichtigen und sich die Frage stellen, ob dieser auch mit dem eigenen Anlagehorizont kompatibel ist. Ist die Fondsgesellschaft der Ansicht, dass die Anleger einen langen Anlagehorizont benötigen, so eignet sich dieser Fonds definitiv nicht für Investoren, die nicht mehr als zwei oder drei Jahre in den Fonds investieren möchten.

Auch die Anlagestrategie spielt eine nicht zu unterschätzende Rolle. Für wertorientierte Fonds sollte sich der Anleger für eine längere Haltedauer entscheiden, damit er die gewünschte Rendite erwirtschaften kann. Handelt es sich um einen risiko- und auch renditeorientierten Fonds, dann sollten hier vor allem Anleger investieren, die eine kurzfristige Gewinnmaximierung wünschen.

Der Anleger sollte sich im Vorfeld auch einen Überblick über alle Märkte - also Regionen und Branchen - verschaffen, bevor er die Entscheidung trifft, in welchen Fonds er schlussendlich investieren möchte (siehe auch das Kapitel: "Sind Indexfonds eine bessere Alternative? "). Die Fondsstruktur und die die Fondsstrategie finden sich im Anlageprospekt und sollten viel Berücksichtigung bekommen. Hier sind vor allem auch die Anlagebedingungen von enormer Bedeutung - nur dann, wenn sich der Anleger im Vorfeld intensiv mit Struktur und Strategie befasst, kann er unliebsame Überraschungen vermeiden. Das gilt natürlich auch für die Jahresberichte oder auch Halbjahresberichte, die ebenfalls im Vorfeld studiert werden sollten. Auch dann, wenn der Anleger bereits in den Fonds investiert hat, sollte er jene Berichte lesen.

Tipp: Werden Fonds von Bankmitarbeitern, Vermittlern oder sonstigen Personen empfohlen, so ist es wichtig, dass auch Informationen von unabhängigen Stellen eingeholt werden, sodass der Anleger sicher sein kann, ein umfassendes Bild vom Fonds erhalten zu haben. Hier sind vor allem die Bewertungen der Ratingagenturen - so etwa "Moody's" - empfehlenswert. Die Ratingagenturen bewerten die Fonds nach Performance - sie berücksichtigen also die Wertentwicklung über bestimmte Zeiträume. Im Zuge der Bewertung durch die Ratingagentur finden sich auch Hinweise zur Volatilität (Wertschwankung). Auch Fondsvergleichskennzahlen sollten berücksichtigt werden - diese finden sich im Internet (etwa auf "Fondsweb", "Fondsdata" oder auch "Onvista") oder werden direkt von den Online-Depotbanken zur Verfügung gestellt. Natürlich sind gute Bewertungen wünschenswert, jedoch noch lange kein Garant, dass sich die Fonds auch in die richtige Richtung bewegen. Schon die Finanzkrise im Jahr 2008 hat gezeigt, dass nicht alle Daten zu 100 Prozent stimmen müssen. Zudem sollte sich der Anleger nicht immer mit der Vergangenheit befassen - wichtig ist, dass auch absehbare und wahrscheinliche Marktentwicklungen, die in Zukunft von Bedeutung sein könnten, berücksichtigt werden (siehe das Kapitel: "Direktinvestment oder Sparplan?").

Der Anleger sollte unbedingt das Fondsvolumen vergleichen. Dieses muss eine erhebliche Größenordnung aufweisen, sodass in weiterer Folge Fungibilität (also die Handelbarkeit) und Sicherheit gewährleistet werden können.

Zuletzt sind auch die Kosten von Bedeutung. Diese können anhand der sogenannten "Total Expense Ratio Kennzahl"überprüft werden. Erhält das Fondsmanagement eine Vergütung im Erfolgsfall? Was zu Beginn vielleicht unfair wirkt, hat jedoch den Vorteil, dass sich die Fondsmanager sehr wohl "bemühen" werden, noch höhere Erträge zu lukrieren. Schlussendlich profitieren nicht nur die Anleger, wenn es eine erfolgsabhängige Vergütung für Fondsmanager gibt. Der Anleger wird jedoch bemerken, dass Fonds, die eine sehr gute Bewertung haben, doch teurer als "mittelmäßig bewertete" Fonds sind. Hier gilt der Grundsatz: "Das Billige ist immer das Teure" - die Entscheidung sollte also nicht nur anhand der Kosten gefällt werden. Wirken die Kosten zu hoch, sollte sich der Anleger für einen passiv gemanagten Fonds entscheiden. Genau hier wären wir wieder bei den ETF-Fonds (siehe das Kapitel: "Was sind ETFs?").

Der Aufbau des Vermögens - eine Schritt-für-Schritt-Anleitung

Der ETF-Kauf läuft folgendermaßen ab: Sie rufen die Internetseite des Brokers auf oder öffnen die Handelssoftware. Danach geben Sie die ISIN oder WKN des gewünschten ETFs in das Suchfeld ein. In weiterer Folge geben Sie die Kaufdaten ein - also Ordervolumen und dergleichen. Senden Sie den Auftrag ab - fertig. Der Ablauf erinnert also durchaus an den Aktienkauf. Auch die Orderwerkzeuge erinnern hier an den Aktienkauf: So gibt es Stop-Loss oder auch Limit-Funktionen, die Sie durchaus verwenden sollten, damit Sie das (geringe) Risiko reduzieren können.

Zu Beginn folgt die Überprüfung der Gebühren

Wie bereits erwähnt, sind Kauf und auch Verkauf von ETFs recht preiswert. Dennoch müssen die Gebühren des Brokers verglichen werden - immer wieder kritisieren Verbraucherschützer, dass es hier recht große Unterschiede gibt, die im Vorfeld sehr wohl berücksichtigt werden müssen. Führen Sie also unbedingt einen Broker-Vergleich durch. Achten Sie auf die Handels- und möglichen Plattform-Gebühren und berücksichtigen Sie auch die angebotenen Leistungen. Natürlich ist es auch ratsam, wenn Sie sich mit dem Kundenservice befassen. Gibt es eine kostenlose Hotline, einen Live-Chat oder nur eine E-Mail-Adresse?

Auch die ETFs-Gebühren sollten, auch wenn es sich um recht niedrige Gebühren handelt, im Vorfeld überprüft werden. Auch wenn es vor allem die sehr günstige Gebührenstruktur ist, die viele Anleger überzeugt, so wäre es dennoch fahrlässig, wenn der Anleger die möglichen Gebühren komplett ignoriert. Zu beachten ist, dass es keine Ausgabeaufschläge gibt, wenn ETFs erworben werden. Die Transaktionskosten sind relativ gering und liegen zwischen 0,05 Prozent und 0,5 Prozent. Die wichtigste Kennzahl, sofern die Gebühren überprüft werden sollen, ist die "Total Expense Ratio" (kurz: TER). Dabei handelt es sich um eine festdefinierte Kennzahl, die dem Anleger zeigt, wie hoch die Gesamtkostenquote des ETF-Fonds tatsächlich ist. In diese Position fallen etwa die Verwaltungsgebühren und auch die Kosten für die Depotbank und den Wirtschaftsprüfer. Die Berechnung erfolgt einmal pro Jahr und wirkt rückwirkend.

ETFs werden - wie auch Aktien oder sonstige Wertpapiere - direkt an der Börse gehandelt. Die Gebühren haben hier denselben Level wie im Aktienhandel. Das heißt, dass es zahlreiche Online-Broker gibt, die dieselben Ordersätze wie bei den Aktien haben. Zu beachten ist, dass das natürlich auch für mögliche Zusatzkosten - also etwa Börsenmaklergebühren - gilt.

Ein weiterer Kostenfaktor, der mitunter auch gerne versteckt wird, ist der Spread. Dieser wird leider oftmals vergessen, da er nicht sofort ins Auge sticht. Unter dem Spread versteht man den Unterschied zwischen dem Verkaufs- und dem Kaufkurs, wobei zu beachten ist, dass der Kaufkurs immer eine Spur höher ist. Derartige Kosten entstehen also deswegen, da für den ETF-Kauf immer mehr bezahlt werden muss. Doch das wirkt nur auf den ersten Blick teuer - in vielen Fällen liegt der Spread bei gerade einmal 0,1 Prozent. Spreads sind auch keine ETF-typische Eigenschaft - derartige Gebühren gibt es auch bei anderen Finanzprodukten (etwa auch bei Aktien).

Ein weiterer Knackpunkt sind die Verwaltungsgebühren. Auch bei ETFs gibt es Fondsmanagementgebühren, die keinesfalls außer Acht gelassen werden sollten. Diese Gebühren werden automatisch vom Vermögen abgezogen. Der Vorteil? Sie sind deutlich geringer, da ETFs immer passiv gemanagte Fonds sind. Das macht auch Sinn, weil hier nur der Index nachgebildet wird - der Manager des Fonds muss also keine Anlageentscheidungen treffen, sodass er einen geringen Verwaltungsaufwand hat.

Es gibt keinen Ausgabeaufschlag. Während bei normalen Investmentfonds eine derartige Gebühr bezahlt werden muss, fällt diese im Rahmen eines ETFs-Investment nicht an. Jedoch gibt es eine Ausnahme: Entscheidet sich der Anleger für einen außerbörslichen Handel, so muss er einen Ausgabeaufschlag bezahlen - zu regulären Börsenzeiten gibt es jedoch keine derartige Gebühr.

Ein weiterer Vorteil ist natürlich der immer härter werdende Wettbewerb. In Deutschland gibt es bereits derart viele ETF-Anbieter, sodass auch die Gebühren - vor allem in den letzten Jahren - extrem gesunken sind und wohl auch in naher Zukunft noch sinken werden. Ein Blick über den "großen Teich" verrät, dass die ETFs schon das gängigste Anlageprodukt in den USA sind. Genau deshalb sind die ETF-Fonds in den USA auch schon deutlich günstiger als in Europa (bzw. in Deutschland).

Die Besteuerung

Die Besteuerung eines Investmentfonds wird durch das sogenannte Investmentsteuergesetz geregelt. Werden Gewinne aus der Veräußerung erzielt, wobei die Investmentfondsanteile erst ab 1. Januar 2009 erworben wurden, so muss der Anleger eine Abgeltungssteuer bezahlen. Vor dem 1. Januar 2009 - also bis zum 31. Dezember 2008 - gab es die einjährige Spekulationsfrist. Dieselben Regelungen gelten zudem auch für die Veräußerungsgewinne, die innerhalb des Fondsvermögens an die Anleger aufgeteilt werden. Selbst Dividenden, unterjährig erzielte Zinsen oder Mieterträge werden durch die Abgeltungssteuer belastet (siehe das Kapitel: "Sollte der Anleger sein Geld in Investmentfonds oder doch lieber in Aktien investieren?/Rechtliche Informationen").

Seit dem Jahr 2018 werden deutsche Dividenden, Veräußerungsgewinne und auch Mieterträge aus Immobilienverkäufen mit 15 Prozent besteuert - im Gegenzug gibt es für den Anleger, je nach gewählter Fondskategorie, auch prozentuale "Teilfreistellungen".

Die letzten Vorbereitungen

Fakt ist, dass ETF-Fonds leider nicht pauschal empfohlen werden können. Hier ist der Anleger an der Reihe: Er sollte die unterschiedlichen ETF-Fonds miteinander vergleichen.

Bevor Sie sich entscheiden, müssen Sie natürlich die Qualität überprüfen. Vor allem werden komplexere Strategien, wie etwa Dividenden- oder Value-Ansätze, interessant sein, da diese von der Konzeption des abzubildenden Indexes abhängen. Sie sollten also nicht ständig auf die Höhe der möglichen Dividendenrendite blicken, sondern auch die Dividendenstrategien, die Dividendenkontinuität und auch sonstige Kennzahlen berücksichtigen. Damit Sie die jeweiligen Indizes auch verstehen, sollten Sie sich mit den Factsheets der jeweiligen ETF-Anbieter auseinandersetzen. Hier finden Sie eine plastische Darstellung der Investment-Ansätze.

Ist der Index gefunden, so ist natürlich die Replikationsmethode von Bedeutung. Sie können sich zwischen der indirekten und der physischen Replikation entscheiden (siehe das Kapitel: "Was sind ETFs?").

Die Errichtung des ETF-Portfolios

Anleger werden wissen, dass sich in der Finanzwelt wohl alles um die Zahlen dreht. Folgt man den aktuellen Studien, so haben die Anleger bereits rund 2.500 Milliarden US Dollar in ETF-Fonds investiert.

Zu Beginn stellt sich die Frage, wie viel Geld Sie investieren möchten. Zudem ist entscheidend, wie das Geld aufgeteilt werden soll. Der Experte spricht hier von "Asset Allocation". Was das heißt? Wie viel Prozent des investierten Geldes wollen Sie in Anleihen, Aktien oder auch sonstige Anlageklassen - wie etwa in Rohstoffe - investieren? Wie hoch soll das Risiko tatsächlich sein? Wie hoch soll die Rendite ausfallen? Denken Sie jedoch immer daran, dass Sie niemals Geld investieren sollten, das Sie für das tägliche Leben brauchen. Investieren Sie also nur Summen, die Sie nicht zwingend benötigen. Auch dann, wenn Sie "ganz sichere Tipps" bekommen, sollten Sie nicht alles auf eine Karte setzen - nur dann, wenn Sie Ihre Emotionen "abschalten", werden Sie die richtigen Entscheidungen treffen.

Problematisch ist die Tatsache, dass es extrem viele ETFs gibt - genau deshalb ist es wichtig, dass Sie sich zu Beginn nicht mit der Frage beschäftigen, in welchen ETF Sie investieren sollen. Sie müssen für sich herausfinden, wie Sie Ihr Geld aufteilen möchten. In welche Anlageklassen sollten Sie also investieren, damit am Ende eine hohe Diversifikation entsteht und das Risiko extrem reduziert werden kann?

Eine Herausforderung, an der bereits einige Starinvestoren gescheitert sind. Jedoch gibt es doch einen recht guten Weg, wie man den Privatanlegern helfen kann - sie müssen einem bestimmten Prinzip folgen, das auf den ersten Blick fast zu einfach erscheint: Der Anleger muss es sich nur so einfach wie möglich machen - komplexe Berechnungen, die am Ende einen Überblick verschaffen sollen, sind für Anfänger eher ungeeignet.

Doch die Aufteilung sollte nicht per Zufall erfolgen. Entscheiden Sie sich für einen sehr hohen Aktienanteil, so müssen Sie sich bewusst sein, dass das Portfolio extrem riskant ausgerichtet ist. Sie müssen - trotz guter Renditeaussichten - auch Kursschwankungen aushalten, die sehr wohl dazu führen, dass Sie Ihr Investment in Frage stellen werden. Derartige Strategien sollten daher nur von Anlegern verfolgt werden, die einen langen Anlagehorizont haben. Entscheiden Sie sich für einen recht hohen Anleiheanteil, so gibt es kaum Kursschwankungen - die Ausrichtung ist jedoch defensiv, sodass Sie sich auch keine sehr hohe Rendite erwarten dürfen.

Doch mehrere Studien haben gezeigt, dass es oft gar keine Rolle spielt, ob 60 Prozent in Aktien und 40 Prozent in Anleihen oder 70 Prozent in Anleihen und 30 Prozent in Aktien investiert werden - erst dann, wenn es wirklich gravierende Extremquoten gibt (90 Prozent zu 10 Prozent), kann das Risiko extrem erhöht oder gesenkt werden.

Konnten auch diese Fragen beantwortet werden, so geht es an die Feinjustierung. Mit welchen Indexfonds sollen also die Quoten abgebildet werden? Die

Auswahl ist natürlich enorm. Genau deshalb ist es wichtig, dass Sie sich nur auf zwei oder maximal drei Indexfonds konzentrieren - so behalten Sie einerseits den Überblick und können andererseits auch dafür sorgen, dass die Gebühren nicht in die Höhe schießen und somit die Rendite auffressen.

Empfehlenswert sind Indizes, die die Entwicklungen der Aktien weltweit abbilden. Das sind etwa MSCI World und MSCI Emerging Markets. MSCI World bildet die Wertentwicklung aller großen Aktiengesellschaften ab, die sich vorwiegend in den wichtigsten Industriestaaten befinden. MSCI Emerging Markets konzentriert sich vorwiegend auf Aktiengesellschaften, die in den Schwellenländern beheimatet sind. Ein Tipp: Ein Drittel wird in den Schwellenländer-Index investiert, zwei Drittel fließen in die Industriestaaten.

Folgende Indexfonds, die vom Analysehaus "Morningstar" bewertet wurden, können ebenfalls empfohlen werden:

iShares STOXX Global Select Dividend 100
iShares Core MSCI World
ISIN: DE000A0F5UH1
Vermögen: 1,139 Millionen Euro
Morningstar-Rating: 3 Sterne
Kategorie: Aktien weltweit
Market Return 2016: 12,8 Prozent
Performance vs. Peergroup: 4,3 Prozent
Performance vs. Index: 0,3 Prozent

Comstage MSCI World TRN UCITS ETF
ISIN: IE00B4L5Y983
Vermögen: 8,572 Millionen US Dollar
Morningstar-Rating: 5 Sterne
Kategorie: Aktien weltweit
Market Return 2016: 10,9 Prozent
Performance vs. Peergroup: 4,3 Prozent
Performance vs. Index: 0,2 Prozent

iShares STOXX Europe 600
ISIN: LU0392494562
Vermögen: 1,008 Millionen Euro
Morningstar-Rating: 5 Sterne
Kategorie: Aktien weltweit
Market Return 2016: 10,6 Prozent
Performance vs. Peergroup: 4,0 Prozent
Performance vs. Index: -0,1 Prozent

iShares Core DAX
ISIN: DE0002635307
Vermögen: 5,586 Millionen Euro
Morningstar-Rating: 4 Sterne
Kategorie: Aktien europaweit
Market Return 2016: 1,5 Prozent
Performance vs. Peergroup: 1,9 Prozent
Performance vs. Index: -1,0 Prozent

db x-trackers MSCI World TRN Index UCITS
ISIN: DE0005933931
Vermögen: 82,197 Millionen Euro
Morningstar-Rating: 4 Sterne
Kategorie: Aktien Deutschland
Market Return 2016: 6,6 Prozent
Performance vs. Peergroup: 3,8 Prozent
Performance vs. Index: -0,3 Prozent

iShares Edge MSCI World Minimum Volatility UCITS ETF
ISIN: LU0274208692
Vermögen: 2,858 Millionen US Dollar
Morningstar-Rating: 5 Sterne
Kategorie: Aktien weltweit
Market Return 2016: 10,5 Prozent
Performance vs. Peergroup: 3,8 Prozent
Performance vs. Index: -0,3 Prozent

db x-trackers Portfolio Total Return Index
ISIN: IE00B8FHGS14
Vermögen: 1,430 Millionen US Dollar
Morningstar-Rating: 5 Sterne

Kategorie: Aktien weltweit
Market Return 2016: 10,7 Prozent
Performance vs. Peergroup: 4,10 Prozent
Performance vs. Index: 0,00 Prozent

db x-trackers Stoxx Global Select Dividend 100
ISIN: LU0397221945
Vermögen: 289 Millionen Euro
Morningstar-Rating: 5 Sterne
Kategorie: Mischfonds
Market Return 2016: 7,1 Prozent
Performance vs. Peergroup: 4,0 Prozent
Performance vs. Index: -0,6 Prozent

iShares MDAX UCITS ETF
ISIN: DE000A0F5UH1
Vermögen: 590 Millionen Euro
Morningstar-Rating: 3 Sterne
Kategorie: Aktien weltweit
Market Return 2016: 12,7 Prozent
Performance vs. Peergroup: 4,1 Prozent
Performance vs. Index: 0,1 Prozent

ISIN: DE0005933923
Vermögen: 1,585 Millionen Euro
Morningstar-Rating: 3 Sterne
Kategorie: Aktien Deutschland
Market Return 2016: 6,2 Prozent
Performance vs. Peergroup: 2,9 Prozent
Performance vs. Index: 2,0 Prozent

Das ETF-Portfolio ist relativ gut zusammengebaut. Nun dürfen Sie in Ruhe die Wertentwicklung verfolgen. Wichtig: Einmal im Jahr sollten Sie einen genauen Blick auf die tatsächliche Wertentwicklung werfen - einerseits muss der Aktien- und andererseits der Anleiheanteil überprüft werden. Mitunter stellen Sie nämlich fest, dass sich das Verhältnis zwischen Anleihen und Aktien verändert hat. Haben sich etwa die Aktienkurse viel besser als die Anleihen entwickelt, so kommt es zu einem automatischen Anstieg der Aktien. Der Aktienanteil wächst also. So ist es möglich, dass aus einer defensiven Ausrichtung eine offensive Ausrichtung wurde - das Risiko ist also gestiegen.

Genau deshalb ist das sogenannte "Rebalancing" wichtig. "Rebalancing" bezeichnet den Umschichtungsprozess. So soll wieder das "erste Portfolio" entstehen, sodass die Anfangsquoten erreicht werden können. Sie müssen also Aktien verkaufen, sodass Sie wieder die Ursprungsquote erreichen. Eine weitere Möglichkeit, die jedoch teurer ist, funktioniert folgendermaßen: Sie investieren einfach so lange in Anleihen, bis das Ursprungsverhältnis wieder erreicht wurde - ob diese Methode jedoch empfehlenswert ist, muss jeder Anleger für sich selbst entscheiden.

So starten Sie durch

Sie sind auf den letzten Seiten dieses Ratgebers angekommen und werden nun voller Tatendrang sein - Sie wissen nun also, dass Sie in einen ETF-Fonds investieren möchten!

Schritt Nummer 1 - der Broker

Entscheiden Sie sich für den richtigen Broker. Im Internet gibt es zahlreiche Broker, die Wertpapierkonten anbieten. Vergleichen Sie die Leistungen der Broker und achten Sie auch auf die möglichen Gebühren.

Mehr Informationen finden Sie im Kapitel "Der Aufbau des Vermögens - eine Schritt-für-Schritt-Anleitung".

Schritt Nummer 2 - der Fonds

Nun müssen Sie sich für einen Fonds entscheiden. Vergleichen Sie die unterschiedlichen Fonds und entscheiden Sie anhand der Kennzeichen

- Wie hoch waren die Gewinne in der Vergangenheit?

- Gibt es Bewertungen und Prognosen von Ratingagenturen?

- Welcher Index wird abgebildet?

Mehr Informationen finden Sie in den Kapiteln "Sollte der Anleger sein Geld in Investmentfonds oder doch lieber in Aktien investieren? ", "Sind Indexfonds eine bessere Alternative" und im Kapitel "Auf der Suche nach dem passenden Fonds".

Schritt Nummer 3 - Einsatz

Wie viel Geld möchten Sie veranlagen? Entscheiden Sie sich für einen Sparplan, so bleiben Sie flexibel und können die monatlichen Raten auch erhöhen oder aussetzen, sofern Sie feststellen, dass ein finanzieller Engpass droht. Vielleicht möchten Sie lieber direkt investieren? Auch diese Möglichkeit steht Ihnen zur Verfügung.

Mehr Informationen finden Sie in den Kapiteln "Die schwerwiegendsten Anlagefehler", "Sollte der Anleger sein Geld in Investmentfonds oder doch lieber in Aktien investieren? " und in den Kapiteln "Direktinvestment oder Sparplan?" und "Der Aufbau des Vermögens - eine Schritt-für-Schritt-Anleitung"

Schritt Nummer 4 - Risiko

Sind Sie ein sicherheitsorientierter Anleger oder möchten Sie mitunter auch ein geringes Risiko eingehen, sodass Sie - wenn sich der Markt in die richtige Richtung bewegt - eine höhere Rendite erzielen? Entscheiden Sie sich daher im Vorfeld, in welchen ETF-Fonds Sie investieren möchten und zu welchen Teilen Sie Ihr Geld in Anleihen, Aktien oder sonstige Anlageklassen stecken.

Mehr Informationen finden Sie im Kapitel "Der Aufbau des Vermögens - eine Schritt-für-Schritt-Anleitung".

Schritt Nummer 5 - überprüfen Sie die Wertentwicklung

Einmal im Jahr sollten Sie die Wertentwicklung überprüfen und mitunter Aktien verkaufen, sofern der Aktienanteil extrem gestiegen ist, sodass Sie das Risiko reduzieren können. Eine weitere Alternative, die jedoch oft kostspielig ist: Anleihen kaufen, sodass es am Ende wieder zum anfänglichen Verhältnis zwischen Aktien und Anleihen kommt.

Mehr Informationen finden Sie im Kapitel "Der Aufbau des Vermögens - eine Schritt-für-Schritt-Anleitung".

Nachwort

Noch bevor Sie sich mit alternativen Veranlagungsformen beschäftigen, müssen Sie sich natürlich die Frage stellen, ob Sie eher ein sicherheitsorientierter Anleger sind oder mitunter auch gerne einmal das Risiko in Kauf nehmen, um eine richtig hohe Rendite zu erreichen. Sie haben nun die letzten Seiten des Ratgebers erreicht und kennen zahlreiche Tipps und Tricks - denken Sie immer daran, bevor Sie sich für eine Veranlagung interessieren. Beachten Sie auch, dass es immer wieder Leute geben wird, die ganz "sichere Tipps" haben oder Strategien kennen, mit denen man gar nicht verlieren kann. Nachdem Sie den Ratgeber gelesen haben, werden Sie nun wissen, dass es derartige Strategien und Tipps aber nicht gibt - jede Strategie und jeder "sichere Tipp" ist in Wahrheit nur eine Möglichkeit, wie man Geld lukrieren kann, jedoch gibt es keine Garantie. Die Finanzmärkte können jederzeit in eine andere Richtung gehen, sodass der "scheinbar sichere Tipp" zum absoluten Desaster wird.

Jeder Anleger, ganz egal, ob er in recht sichere ETF-Fonds investiert oder sein Geld in Einzelaktien steckt, mit Rohstoffen handelt oder mit Devisen spekuliert, muss sich bewusst sein, dass er das Geld, das er in derartige Produkte gesteckt hat, auch zum Teil verlieren kann. Das schlimmste Szenario? Der Totalverlust. Genau deshalb sollten nur Summen investiert werden, auf die man im schlimmsten Fall auch verzichten kann. Natürlich darf man nicht mit der Einstellung das Projekt starten, dass das Geld sowieso verloren wird - wenn sich der Markt aber in die falsche Richtung bewegt, so sollten Sie zumindest nur aus den (möglich begangenen) Fehlern lernen und keine finanziell schwierige Situation erleben.

Seien Sie auch nicht gierig. Natürlich möchte der Mensch, wenn er sein Geld in alternative Veranlagungsformen steckt, hohe Rendite erzielen. Oftmals braucht es aber Geduld, hin und wieder natürlich auch etwas Glück. Es gibt keine Garantie, dass sich die Märkte immer in die richtige Richtung bewegen. Kommt es einmal zum Verlust, so sollte dieser akzeptiert werden. Den Einsatz zu erhöhen, um den Verlust auszugleichen, ist keinesfalls empfehlenswert. Auch im Zuge des ETF-Fonds-Investment ist es wichtig, dass Sie einen langen Atem haben. Kurse können immer nach unten gehen, jedoch sind ETF-Investments dafür bekannt, dass die Kursabstürze - aufgrund des langen Anlagehorizonts - "problemlos" ausgeglichen werden können. Denken Sie daran, dass es immer wieder nach oben gehen kann. Nur dann, wenn es tatsächlich zum absoluten Absturz kommt, sollte man die Anteile umschichten.

Aufgrund der Tatsache, dass Sie den Ratgeber nun gelesen haben, werden Sie einerseits wissen, was ETF-Fonds sind und andererseits auch einen Überblick bekommen haben, warum ETF-Fonds auch empfehlenswert sind. Natürlich gibt es nicht nur ETF-Fonds - es gibt Aktien, Rohstoffe, den Devisenhandel und auch andere alternative Veranlagungsformen. Investieren Sie jedoch nur dann, wenn Sie auch die Materie verstehen und auch wissen, wie Sie die verschiedenen Handelsinstrumente einsetzen. Machen Sie nie den Fehler, irgendwelchen Seiten im Internet zu vertrauen, die vom großen Reichtum sprechen -

derartige Seiten verfolgen mehrere Ziele, wobei ein Ziel ganz sicher nicht verfolgt wird: Ihnen derart zu helfen, sodass Sie keine finanziellen Sorgen mehr haben werden. Im Gegenteil - wenn Sie derartigen Seiten vertrauen und sich von utopischen Versprechen beeinflussen lassen, werden Sie mitunter sogar Geldprobleme bekommen.

Wie bereits erwähnt, sollten Sie immer die Gebühren im Auge behalten. Führen Sie daher Broker-Vergleiche durch und kontaktieren Sie auch Ihre Hausbank, ob diese einerseits ein Depotkonto zur Verfügung stellt und andererseits, welche Gebühren von der Bank verlangt werden. Wir vergleichen heutzutage alle möglichen Dinge - ob es Preise für DVDs oder Computerspiele sind, ob Versicherungsverträge und Beiträge, ob Preise für Tagesmenüs im Restaurant oder auch, welche Tankstelle den günstigsten Sprit anbietet. Genau deshalb sollten wir auch immer jene Gebühren vergleichen, die unsere Ersparnisse und Gewinne "auffressen". Doch auch die Leistungen sind von Bedeutung: Diskontbroker haben zwar sehr günstige Gebührenmodelle, überzeugen jedoch nicht mit angebotenen Leistungen - schlussendlich, auch das werden Sie schnell bemerken, gibt es sehr wohl einen Grund, warum Diskontbroker oft keine Gebühren in Rechnung stellen oder extrem günstig sind. Das soll aber nicht heißen, dass derartige Broker nicht empfohlen werden können. Am Ende müssen Sie sich nur bewusst sein, dass Sie nicht dieselben Leistungen erwarten können, die von Top-Brokern angeboten werden, die dafür auch hohe Gebühren in Rechnung stellen.

Achten Sie auch immer auf die Diversifikation. Setzen Sie nicht alles auf eine Karte und denken Sie daran, dass sich die Märkte immer in die falsche Richtung bewegen können.

Natürlich werden Sie nun zahlreiche Tipps und Tricks kennen, weil Sie den Ratgeber gelesen haben. Jedoch heißt das nicht, dass alle Tipps und Tricks, die auf den letzten Seiten beschrieben wurden, auch tatsächlich zum Erfolg führen. Am Ende geht es im Sinne der Veranlagungen immer darum, dass der maximale Erfolg erzielt und der maximale Verlust verhindert werden. Unvorhergesehene Ereignisse, nicht zu erwartende Veränderungen oder auch die Tatsache, dass man hin und wieder einfach nicht das Glück auf seiner Seite hat, sind allesamt Gründe, warum Investments oftmals in die falsche Richtung gehen können. Doch auch wenn diverse Veranlagungsformen mitunter riskant sind, so gibt es noch immer die ETF-Fonds für Anleger, die sicherheitsorientiert sind.

Weitere Bücher der Investment Academy

Unsere Serie: "Börse & Finanzen"

Entdecken Sie noch heute unsere umfangreiche Serie zum Thema Aktien, Wirtschaft und Finanzen.

Band 1 - Aktien für Beginner

Band 2 - ETF für Beginner

Band 3 - Daytrading für Beginner

Band 4 - Geld Veranlagen für Beginner

Band 5 - Bitcoin für Beginner

Band 6 - Kryptowährungsinvestment für Beginner

Über die Autoren

Heutzutage suchen die Anleger nach Alternativen. Ob Sparbuch, Festgeldanlage oder Tagesgeldkonto - all jene Veranlagungsformen führen nicht mehr zum gewünschten Erfolg. Selbst die beliebte Lebensversicherung, die vor Jahren noch die Nummer 1 war, wenn man sein Geld anlegen wollte, bringt heutzutage kaum noch Gewinne. Doch alternative Veranlagungsformen werden kaum von Bankberatern empfohlen; zudem fehlen den Anlegern auch die notwendigen Informationen, sodass es mitunter gefährlich sein kann, wenn Sie auf das Bauchgefühl vertrauen. Aufgrund der Tatsache, dass sich viele Veranlagungsformen vom Markt beeinflussen lassen, muss der Anleger also auch wissen, welche Faktoren mitunter verantwortlich sind, die am Ende über Gewinn oder Verlust entscheiden. Genau hier kommt die "Investment Academy" ins Spiel: Die "Investment Academy" ist ein Zusammenschluss mehrerer Autoren, die Ratgeber verfassen, sodass die Anleger Informationen erhalten, wenn Sie sich für alternative Veranlagungsformen entscheiden. Die Bandbreite ist groß; ob Kryptowährungen, Aktien, ETF-Fonds oder auch Immobilien - es gibt zahlreiche alternative Veranlagungsformen, die von den Autoren der "Investment Academy" behandelt werden.

Natürlich handelt es sich bei den Autoren der "Investment Academy" um keine Laien. Die Ratgeber werden von erfolgreichen Anlegern verfasst, die selbst sich natürlich auch selbst mit den unterschiedlichsten Themen beschäftigt haben.

Die Ratgeber der "Investment Academy" sollen vor allem Anfänger ansprechen. Die Autoren verzichten auf komplizierte Fachbegriffe und versuchen, so gut wie möglich, eine Schritt-für-Schritt-Anleitung zu geben, wie das Geld einerseits angelegt und andererseits vermehrt werden kann. In den Ratgebern der "Investment Academy" finden sich aber nicht nur positive Informationen oder Hinweise, dass - mit der richtigen Strategie - jede Veranlagung zum Erfolg führt. Selbstverständlich weisen die Autoren auch auf die möglichen Gefahren hin. Jede Veranlagungsform, ob Aktien, Anleihen oder Immobilien, hat Vor- und Nachteile; der Anleger kann, wenn er das Risiko unterschätzt, sehr wohl Geld verlieren. In den Ratgebern der "Investment Academy" finden sich deswegen auch Tipps und Tricks, wie Gefahren reduziert werden können.
All jene, die ihr Geld in alternative Veranlagungsformen investieren möchten, sollten sich daher mit den Ratgebern der "Investment Academy" befassen. Nur dann, wenn im Vorfeld auch Informationen eingeholt werden, kann die Anlage auch zum Erfolg führen.

www.ingramcontent.com/pod-product-compliance
Lightning Source LLC
LaVergne TN
LVHW021330080526
838202LV00003B/120